DOMINA LA
ASTROLOGÍA
PSICOLÓGICA

Cómo utilizar los planetas para desarrollar tu

potencial cósmico

Título original: Use Your Planets Wisely
Traducido del inglés por Antonio Gómez Molero
Diseño de portada: Editorial Sirio, S.A.
Maquetación: Toñi F. Castellón

© de la edición original
  2020, Jennifer Freed

  Edición publicada con licencia exclusiva de Sounds True, Inc.

© de la fotografía de la autora
  Rendy Freedman, 2019

© de la presente edición
  EDITORIAL SIRIO, S.A.
  C/ Rosa de los Vientos, 64
  Pol. Ind. El Viso
  29006-Málaga
  España

www.editorialsirio.com
sirio@editorialsirio.com

I.S.B.N.: 978-84-18531-79-8
Depósito Legal: 9-2022

Impreso en Imagraf Impresores, S. A.
c/ Nabucco, 14 D - Pol. Alameda
29006 - Málaga

Impreso en España

Puedes seguirnos en Facebook, Twitter, YouTube e Instagram.

DRA. JENNIFER FREED

DOMINA LA
ASTROLOGÍA
PSICOLÓGICA

Cómo utilizar los planetas para desarrollar tu

potencial cósmico

EDITORIAL
SIRIO

A las musas divinas que me honraron
con el don de la clarividencia.

ÍNDICE

profundo autorreconocimiento de los hábitos, anhelos y necesidades que a menudo si no se reconocen te mantienen atrapado en un estado primitivo de expresión e interrelación. Conforme vas dándote cuenta de lo que haces habitualmente y de lo que necesitas a un nivel más profundo, desarrollas el poder de escuchar, utilizar las emociones de forma constructiva y superar los patrones que ya no te sirven.

Tu signo ascendente es el que se elevaba sobre el horizonte en el momento exacto de tu nacimiento.

Representa la forma en que apareces o te presentas ante los demás, es decir, la primera impresión que causas, así como el papel que desempeñaste en tu familia de origen. Es el signo en torno al cual se orienta toda tu carta astral.

La descripción original del ascendente como «máscara» se sustituye por una nueva imagen de este como «ventana»: una entidad a través de la cual te ven los demás y tú te ves a ti mismo.

Mercurio es el planeta del pensamiento y la comunicación. Entender su ubicación planetaria ayuda a aprovechar al máximo el intelecto y la expresión, así como a evitar problemas de comunicación. Este capítulo incluye una explicación del fenómeno de «Mercurio retrógrado» y aborda los beneficios y las desventajas generales de Internet y otros tipos de tecnología de la comunicación.

Venus es el arquetipo del amor y la belleza. Su ubicación planetaria influye en tus deseos de amor, en tu vida social y en tus sensaciones de ser atractivo y sentir atracción hacia otros. Comprender el signo de Venus en tu carta astral te ayuda a guiarte por el mejor camino hacia el placer sensual o estético, la expresión artística y la armonía general en tu vida. Asimismo, te ayuda a comprender tus impulsos en las relaciones románticas y sociales y a crear más armonía en ellas.

la hoguera

Marte representa el poder de la voluntad y la fuerza de la acción. Saber dónde cae Marte en la carta astral te ayuda a trabajar con tus dones para lograr tus objetivos y sueños y te permite saber qué escollos son los que más pueden perturbar tu capacidad de actuar y hacer. La ubicación de Marte, a veces denominado «el planeta de la ira», afecta a tu asertividad, tu expresión de la ira, tus impulsos atléticos y las expresiones más yang (masculinas) de tu sexualidad.

el lago en la cumbre de la montaña

Júpiter representa la expansión, el crecimiento y el éxito. También es un símbolo de generosidad, honor, abundancia, orgullo y optimismo. Su ubicación en la carta astral dice mucho sobre cómo expresas –o cómo te excedes o te limitas al expresar– en tu vida estas cualidades.

la montaña

Saturno representa la estructura, el tiempo y la tradición. Equilibra la energía expansiva de Júpiter con la limitación y el realismo necesarios. La ubicación de Saturno en signos habla no solo de cómo se pone orden en el caos, sino también de cómo te oprimen los límites. Saturno tiene mala fama: a veces se lo simboliza como un esqueleto, lo que hace que tus pensamientos se dirijan hacia la mortalidad y la inevitabilidad de la muerte. Pero sin un esqueleto, no serías más que un montón de carne y vísceras. Necesitas ese esqueleto para mantenerte erguido, caminar y hacer todo lo que haces, del mismo modo en que necesitas la estructura de Saturno para manifestarte, mantenerte con los pies en la tierra, persistir y esforzarte.

QUIRÓN 213
el árbol nudoso

Quirón representa el arquetipo del sanador herido. En la carta natal, la ubicación del signo de Quirón sugiere qué partes de ti mismo puedes experimentar como más heridas y necesitadas de curación y cómo podrías utilizar tus heridas para ayudar y curar a los demás.

URANO 231
el rayo

El cambio, la rebelión y la revolución son uranianos. Este arquetipo es el portador de sorpresas, «momentos eureka» y despertares repentinos y cataclísmicos. Hace imposible el mantenimiento del *statu quo* y trae la liberación de lo que oprime. La ubicación de Urano en un determinado signo describe cómo es más probable que seas consciente de las sorpresas, los cambios y los «momentos eureka», o bien (como suele ocurrir cuando no haces honor a la energía de Urano en tu carta astral) cómo aumenta la probabilidad de que esos momentos se produzcan cuando menos lo esperas.

NEPTUNO 255
la ola

Neptuno representa la trascendencia y la fusión de la consciencia, la imaginación, el mundo de los espíritus, lo místico: el espacio previo al nacimiento y el posterior a la muerte, el espacio entre los mundos. El signo asociado con Neptuno en tu carta afecta no solo a tus sueños, sino también a la profundidad de tus sentimientos y tu empatía. Puede ayudarte a entender cualquier tendencia que tengas a disociarte o a no estar despierto y totalmente presente en este mundo, así como tu capacidad para abrazar los misterios del universo.

El arquetipo de Plutón representa la energía primordial y la transformación profunda. Su ubicación en tu carta te ayuda a comprender tus impulsos de profundizar tanto como un ser humano puede hacerlo; de ser sincero, sin importar las consecuencias; de sumergirte de lleno en los misterios del sexo, el nacimiento y la muerte. Esta comprensión te ayudará a controlar los impulsos del odio, la avaricia, los celos y la lujuria que todo el mundo tiene porque hay una ubicación de Plutón en cada carta, y a canalizar esos impulsos hacia la creatividad y hacia el tipo de transformación que es beneficiosa a largo plazo (aunque a corto plazo resulte difícil y perturbadora).

PREFACIO
Cómo utilizar este libro

Tienes en tus manos una de las herramientas más poderosas para entenderte a ti mismo y a otros seres humanos. En las siguientes páginas, tendrás acceso al ADN del cosmos y al mapa sagrado de la psique.

Estás recibiendo un magnífico regalo, y esto conlleva una responsabilidad ética. Los conocimientos que transmite esta obra te aportan lo necesario para transformar radicalmente tu relación contigo mismo y con los demás: una visión diáfana de lo que te mueve y de lo que motiva realmente al ser humano. Esta es la manera más rápida de desarrollar una empatía duradera y de renunciar a los juicios que crean una separación entre las personas.

La sabiduría que hallarás en estas páginas puede, como sucede con cualquier fuerza cósmica, ser utilizada de forma negativa por quienes albergan malas intenciones. El hecho de que este libro haya llegado a tus manos significa que estás preparado para experimentar un rápido crecimiento y convertirte en una luz para quienes deseen unirse a ti en esa senda vital. El conocimiento que te presento aquí puede aprovecharse durante toda una vida; cuanto más seriamente te comprometas con el material y realices las prácticas, más sabiduría recibirás.

Al comprometerte con la integridad de estos mensajes devocionales y realizar las prácticas, hechas a tu medida, que los personalizan, notarás un enorme aumento del apoyo cósmico. Podrás sentir y percibir cómo crece tu conexión con lo divino.

Las historias personales que encontrarás en estas páginas (se han modificado los nombres y detalles específicos para proteger la privacidad) revelan cómo todos tenemos la capacidad de evolucionar a cualquier edad y de cambiar y actualizar radicalmente nuestros sistemas operativos psicológicos y espirituales. Utilizado correctamente, este libro tiene el potencial de ofrecerte un crecimiento ilimitado. Esto es lo que necesitas para emplear este potente conocimiento:

1. Imprime tu carta astral con todos los planetas, Quirón y tu signo ascendente. Para crear las cartas puedes utilizar aplicaciones *online* gratuitas como Time Passages o Co-Star o la web www.astro.com. Introduce tu fecha, hora y lugar de nacimiento (si desconoces tu hora de nacimiento, pon las doce de la noche; tu signo ascendente será inexacto, y puede que tu signo lunar también lo sea, pero el resto será correcto). Si deseas adquirir un informe más completo y detallado sobre tus planetas para utilizarlo con este libro, envía un correo electrónico a useyourplanetswisely@gmail.com, y la doctora Jennifer Freed te responderá en el plazo de veinticuatro horas.

2. Una vez que tengas tu carta con tu signo ascendente y con la ubicación de todos los planetas en el momento de tu nacimiento, haz una lista. Por ejemplo: Sol en Géminis, Luna en Tauro, Mercurio en Géminis, etc. La mayoría de los sitios que generan cartas astrales también ofrecen descripciones generales del significado de la ubicación de los signos de tus planetas; puedes revisarlas como punto de partida si lo deseas.

LAS REGLAS DEL JUEGO

Cuando tengas tu impresión y tus notas generales a mano, revisa estas reglas básicas:

1. Utiliza este libro cuando dispongas de un tiempo para concentrarte sin distracciones, en el que no solo puedas leer la información, sino también *sentir* con intensidad lo que te cuento. Busca un lugar especial para leer donde tu atención espiritual se vea reforzada.

2. Lee únicamente lo que te llame la atención en ese momento. Hazlo despacio y en pequeños fragmentos. Es como una comida suculenta que hay que digerir bien.

3. Al analizar los niveles de aplicación primitivo, adaptativo y evolutivo, haz *solamente* tu *propio* inventario. Eres la única persona a la que puedes cambiar; solo hay poder en el trabajo sobre ti mismo. ¡Céntrate en *tu camino* de crecimiento!

4. Si decides mirar los planetas de otros, utiliza la información que encuentres solo para animarlos y mostrarles tu aprecio. Ellos son los únicos que pueden o deben usar este material para hacer un inventario crítico o comentar su propio nivel de aplicación.

5. Habla y escucha con el corazón. El único verdadero propósito espiritual que nos une a todos es el amor. Empieza por quererte a ti mismo a partir de ahora.

6. Realiza las prácticas. Como cualquier disciplina, esta te dará únicamente lo que tú pongas en ella. Incluso si te limitas a un solo capítulo al mes y *haces* a conciencia los ejercicios, obtendrás muchos más beneficios que si te apresuras a leer el libro sin más. Dado que la astrología psicológica revela constantemente matices y destellos de conocimiento a medida que progresas y aprendes, podrás profundizar en cualquier capítulo una y otra vez durante toda tu vida.

Este último punto merece un poco más de explicación. Al realizar las prácticas con otros que también estén leyendo este libro, ampliarás tu aprendizaje individual y crearás una comunidad. Serás parte activa de la construcción de una red de aliados conscientes mientras te esfuerzas en alcanzar la realización y la expresión más plena y brillante de tu ser. Y, al mismo tiempo, tendrás la oportunidad de ayudar a otros. De esta forma comenzamos a construir una comunidad basada en la autoaceptación, la autorrealización y la responsabilidad con un alcance que va más allá de nuestros objetivos egoístas. Así empezamos a sanar las heridas que surgieron al dedicarnos a satisfacer nuestros propios intereses individuales, olvidando que los dones más auténticos y duraderos que podemos poseer son los que descubrimos y cultivamos como comunidad.

INTRODUCCIÓN

La astrología psicológica: una ciencia antigua para la era moderna

S i te consideras solo un virgo, un piscis o un capricornio, prepárate para multiplicar tu autoconocimiento exponencialmente mientras te guío a una profunda comprensión de la ubicación de los principales arquetipos cósmicos en tu carta astral. Tu carta revela al menos *diez veces* más sobre ti de lo que crees. Y aunque algunas de estas nuevas percepciones que vas a conocer aquí sean ecos de tu signo solar, otras probablemente reflejen facetas que constituyen desviaciones radicales de ese signo. En otras palabras, si solo conoces tu signo solar, no has hecho más que empezar a comprender tu carta astral. Los conocimientos que encontrarás aquí te proporcionarán una imagen mucho más completa de tu esquema psicológico y emocional.

Este libro es para todo el que desee conocerse mejor a sí mismo, construir relaciones más sanas y disfrutar de una mayor felicidad y plenitud en comunidad. No es exclusivamente para los aficionados a la astrología que ya tienen algunos conocimientos; también es para los escépticos.

¿POR QUÉ DEBERÍA INTERESARME POR OTROS ASPECTOS APARTE DE MI SIGNO SOLAR?

La típica columna del horóscopo diario que aparece en los periódicos ofrece un esbozo de tu signo solar, que es el signo que se encontraba en el cielo sobre tu lugar de nacimiento el día en que viniste al mundo. Otorgar una total credibilidad a esta imagen es como contemplar una sola fotografía de una persona y dar por hecho que ya sabes cómo es desde todos los ángulos, bajo todas las luces posibles y vestida con todas y cada una de las prendas que guarda en su armario, y que, por si fuera poco, la conoces en todos sus estados de ánimo. Es verdad que el signo solar nos revela una parte importante de la estructura del ser humano, pero es tan solo un factor más dentro de la totalidad del complejo y rico esquema de los planetas y los signos. Fíjate en los siguientes ejemplos:

El signo solar de Pip es Virgo. Esta posición astral suele describir a una persona que sobresale en la diligencia, el perfeccionismo y el servicio. Todo esto es cierto en el caso de Pip, pero lo que *no sabrías* al ver su signo solar es que tiene su Luna en Cáncer, que es una de las configuraciones más sensibles, necesitadas, dependientes y emocionales que se pueden tener. Su signo ascendente es Libra, lo que le confiere la capacidad de ser extremadamente atractiva y encantadora y de utilizar la diplomacia para abrir todas las puertas. Su Marte está en Leo, y esto la hace destacar en las artes escénicas como una figura llena de expresividad en el cine y el teatro.

Claire tiene el Sol en Capricornio, una posición conocida por su fiabilidad, seriedad, ambición y solidez. ¡Lo que no se dice de Claire es que su ascendente en Acuario la convierte en una mujer que derrocha simpatía con todos y que puede lucir vestidos muy extravagantes! Además, Claire tiene Marte y Saturno en Sagitario; esto la convierte en una gran maestra de la alegría, una persona con una tremenda capacidad para disfrutar de la vida sin dejar por ello de ser disciplinada.

Imagina que toda tu personalidad es un móvil, de los que se cuelgan del techo, compuesto por muchas piezas. Una sola pieza de esta estructura no describe la totalidad de lo que eres, y todas pueden ser muy diferentes entre sí. Reconocer y honrar esas piezas es fundamental para coordinarlas y lograr que funcionen juntas como un todo vibrante.

FUSIÓN DE ASTROLOGÍA, PSICOLOGÍA Y APRENDIZAJE SOCIOEMOCIONAL

Llevo más de treinta años practicando y enseñando la astrología psicológica. Desde que descubrí la astrología en los años setenta, me han cautivado su sabiduría y su poder. En cuanto empecé a leer sobre esta disciplina y a aprender de mi maestro, el doctor Richard Tarnas,* supe que había encontrado lo que llegaría a ser una pasión

---

* N. de la A.: Richard Tarnas es el director fundador del programa de posgrado en filosofía, cosmología y consciencia del California Institute of Integral Studies ('instituto de estudios integrales de California'), en San Francisco. Tras recibir una educación jesuítica tradicional en su estado natal, Míchigan, se graduó con honores en la Universidad de Harvard; luego pasó diez años viviendo y trabajando en el Instituto Esalen de Big Sur, California. Allí estudió con personalidades como Stanislav Grof, Joseph Campbell, Gregory Bateson, Huston Smith y James Hillman. Con el tiempo se convirtió en director de programas y educación de Esalen. Es doctor en Psicología por el Instituto Saybrook. Escribió *La pasión de la mente occidental*, una historia narrativa del pensamiento occidental que con frecuencia se utiliza como libro de texto universitario, y *Cosmos y Psique. Indicios para una nueva visión del mundo*, un libro sobre el descubrimiento de la astrología y su profundización en ella. Forma

para toda la vida. Aprendí a elaborar cartas astrales sin ordenador (una hazaña nada desdeñable, pero así es como teníamos que hacerlo entonces, antes de que los programas informáticos simplificaran y facilitaran el proceso). Leí todo lo que cayó en mis manos y, en cuanto sentí que estaba lo suficientemente preparada, comencé a hacer lecturas. Al cabo de todos estos años, sigo pensando que la astrología no tiene rival como sistema integral para entender a los seres humanos individuales en el contexto de un universo inteligente.

Llevo otros tantos años estudiando y practicando la psicología profunda, que con su enfoque en la experiencia subjetiva y personal, el poder de la historia y la mitología, y el inconsciente colectivo encaja bien con la astrología. He tenido el extraordinario privilegio de dedicar mi vida profesional a la práctica de la psicología y la psicoterapia con individuos, parejas y grupos, además de trabajar como profesora de Psicología en el Pacifica Graduate Institute y en la Antioch University y como educadora socioemocional a través de AHA!, la organización que ayudé a fundar (www.ahasb.org).

¿En qué consiste la *astrología psicológica*? Se trata de una práctica dinámica y poco conocida que, a lo largo de su hilo conductor, combina la psicología profunda y la astrología: ambas disciplinas tratan de comprender nuestros potenciales y desafíos, y de avanzar, a través del autoconocimiento y la práctica, hacia formas más constructivas de ser y relacionarse.

¿Quién soy en realidad? ¿Qué he venido a hacer aquí? ¿Cómo puedo desarrollar mi potencial? ¿En qué áreas soy más débil y cómo podría fortalecerlas? ¿Qué puedo hacer para cuidarme mejor? ¿Cómo conseguiré resolver mis problemas más acuciantes? ¿Qué relaciones he de cultivar? ¿Cuáles son mis necesidades y qué es lo más importante que puedo dar a los demás? ¿Cuál podría ser mi mayor contribución o legado? Un buen terapeuta te ayudaría a

---

parte de la junta directiva del Instituto C. G. Jung de San Francisco y sigue dando clases y conferencias en el California Institute of Integral Studies y en otros lugares de Estados Unidos y el extranjero.

responder a estas preguntas; y lo mismo haría un buen astrólogo. Tengo la suerte de comprender en profundidad ambas disciplinas, y he obtenido muy buenos resultados al combinarlas en mi trabajo a nivel individual y grupal. Mi formación en psicoterapia me proporciona una rica comprensión de las formas en que el material biográfico y emocional puede interferir en la visión astrológica del momento presente o apoyarla. Un objetivo importante de la exploración psicológica es la integración de todas las partes del yo, incluidas las que han sido rechazadas, ignoradas o reprimidas. Todos las tenemos. Al identificar los patrones, creencias y necesidades que aparecen en la carta astral, volvemos consciente lo *inconsciente*. A medida que sacamos a la luz todas estas partes, las vemos como lo que son y las aceptamos e integramos; así llegamos a ser más felices, más completos y más *nosotros mismos*. Comprendemos mejor dónde y cómo encajamos en el seno de nuestras relaciones íntimas, nuestra comunidad y nuestra cultura. Mi enfoque como psicoterapeuta y astróloga siempre se ha centrado en identificar los puntos fuertes y trabajar con ellos, en lugar de patologizar y diagnosticar; este enfoque psicológico positivo es lo que caracteriza el contenido de esta obra.

¿Y qué hay del aprendizaje socioemocional? ¿Qué es y dónde encaja en el panorama de lo que estoy ofreciendo aquí?

El aprendizaje socioemocional se centra en denominar y gestionar nuestras emociones, retrasar la gratificación y desplegar coraje y osadía a la hora de luchar por nuestros objetivos, así como en aprender a solucionar los conflictos y pedir ayuda cuando sea necesario. Por muy bien que nos conozcamos, necesitamos práctica y consciencia para expresar y gestionar bien nuestras emociones, empatizar, cuidarnos, aprender a escuchar, comunicarnos eficazmente y solucionar los problemas de las relaciones. Sin esto, sería demasiado fácil utilizar el esquema arquetípico de nuestra carta astral como justificación de un mal comportamiento («No quería gritarte, pero ¿cómo iba a evitarlo con tres planetas en Aries?») en lugar de emplearlo como una guía para aprender a relacionarnos bien y a servir a los demás. Es fácil caer en la tentación de encerrarse en uno mismo en vez de conectar estrechamente con otros. Y una vez que empezamos a adquirir un conocimiento práctico de la astrología, también resulta tentador utilizar las cartas astrales *de los demás* para hacer suposiciones sobre lo que son o no son capaces de hacer o sobre si merece la pena el esfuerzo para conectar en profundidad con ellos.

Casi todos los libros de autoayuda se centran en *tus* deseos, en crear *tu* riqueza, en desarrollar *tu* potencial, en perseguir *tus* sueños, en convertirte en un individualista feroz que va a *su* aire. En un mundo en el que la mayoría de la gente está acostumbrada a centrarse en lo que quiere —la música que le gusta, el canal de noticias que apoya su ideología, la ropa que expresa su personalidad—, perfeccionar la propia identidad y luchar por los logros personales se consideran los objetivos más elevados.

Sin embargo, la idea de que prosperamos más cuando nos responsabilizamos y dependemos solo de nosotros mismos nos ha llenado de tristeza y desconexión. Y la desconexión y la soledad nos están matando literalmente: se ha demostrado que la soledad, que es una epidemia en la sociedad occidental, es más peligrosa para nuestra salud que ser obeso o fumar quince cigarrillos al día.

Este libro nos ayuda a iniciar el camino de vuelta desde un estado de alienación a otro en el que vivir nuestros propios dones y talentos no consiste únicamente en elevarnos a nosotros mismos, sino también en crear conexión y fortaleza para todos. El aprendizaje socioemocional trata, en última instancia, de cómo nos relacionamos con otros, y por eso es una parte esencial del trabajo de este libro. Esta idea me parece tan importante que, junto con mi compañera Rendy Freedman, MFT, terapeuta y educadora, empecé a impartir el aprendizaje socioemocional a adolescentes, familias y educadores a través de AHA!, una organización sin ánimo de lucro que fundamos juntas en 1999. Desde entonces, el personal de AHA! de facilitadores cualificados, todos ellos formados y supervisados por Rendy y por mí, ha educado a más de veinte mil personas en institutos, programas extraescolares (después de la escuela y en verano) y grupos de padres, y ha formado a educadores y administradores en colegios del sur de California y a través de conferencias en todo Estados Unidos.

Las piezas sociales y emocionales son absolutamente necesarias para hacer el mejor uso posible de la información que se encuentra en una carta astral. Aunque la carta trata de *ti*, también nos habla del lugar que ocupas dentro del gran entramado general. Pese a que, indudablemente, la autocomprensión psicológica y astrológica y el dominio socioemocional *te* harán más feliz y *te* darán más de lo que quieres y necesitas, también son vitales para hacer de ti una parte efectiva en la construcción de un mundo mejor para todos.

Una vez que cualquiera de nosotros profundiza lo suficiente en su propia naturaleza arquetípica y su conexión con los temas universales, se vuelve más receptivo a ayudar a otros a encontrar su camino. Descubre que nos parecemos en aspectos que no tienen nada que ver con las preocupaciones de nuestro pequeño ego. Se vuelve más tolerante con las diferencias entre las personas. Al entender nuestras posiciones planetarias, vemos claramente cómo podemos ser útiles e importantes para quienes nos rodean. Para esto necesitamos habilidades sociales y emocionales.

No venimos al mundo sabiendo cómo relacionarnos o cómo sentir y expresar las emociones de una forma sana. Aprendemos de lo que vemos: de nuestros padres, de nuestra cultura, de los medios de comunicación. Y la mayoría estaría de acuerdo en que *abundan* los malos ejemplos sociales y emocionales. A casi todo el mundo le vendría bien la educación socioemocional y su práctica continuada para mejorar estas aptitudes: un aprendizaje práctico sobre cómo ser un ser humano eficaz, empático, digno de confianza, capaz de crecer, emocionalmente sano, creativo, colaborador y conectado.

La investigación educativa y psicológica moderna apoya firmemente esta iniciativa, y los lugares de trabajo y los centros educativos de todo el país están implementando procesos y programas para promover la inteligencia socioemocional. Las prácticas de este libro están pensadas para fortalecer directamente tus habilidades sociales y emocionales.

En mi trabajo con miles de clientes, he visto cómo este enfoque de combinar la astrología, la psicología y el aprendizaje socioemocional tiene un impacto que no se da con ninguna de estas disciplinas por separado. Cualquiera de estas tres áreas de estudio y práctica por separado puede ser de gran ayuda para quienes quieran evolucionar y estén dispuestos a hacerlo. Pero si se juntan las tres, se crea una alquimia increíble: quienes lo hacen llegan a entender cómo funcionan por dentro, a ver tanto su singularidad como sus puntos en común con los demás y a romper los hábitos destructivos del diálogo interno y de las relaciones. Alcanzan un nivel de autorrealización y una profunda alegría y satisfacción que irradian desde quienes realmente son. Mis clientes aprenden a confiar en que existe un plan divino que los guía, en que vienen al mundo con un propósito y en que tanto sus luces como sus sombras son bienvenidas, lo mismo en sus vidas psicológicas que en sus relaciones.

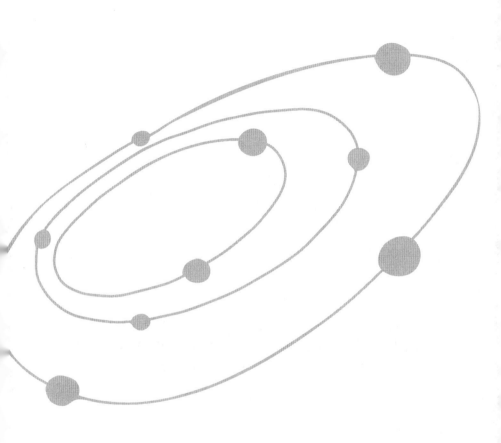

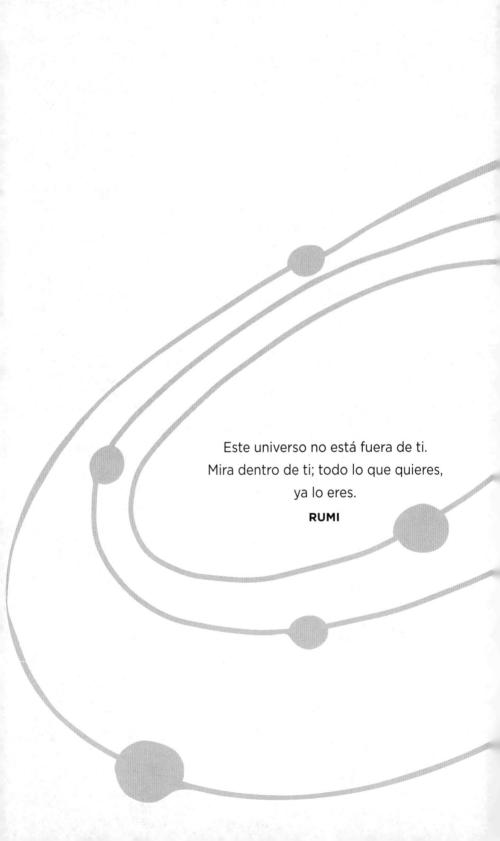

Este universo no está fuera de ti.
Mira dentro de ti; todo lo que quieres,
ya lo eres.

RUMI

1

BIENVENIDO al NUEVO PARADIGMA de la ASTROLOGÍA PSICOLÓGICA

Estás a punto de adentrarte en una senda de autoconocimiento que te proporcionará un retrato complejo y detallado de quién eres: lo bueno, lo malo, lo espectacular, las facetas que preferirías mantener ocultas, lo bello y lo desagradable.

Como practicante dual de la psicología y la astrología, estoy convencida de que el deseo de conocernos a fondo a nosotros mismos puede llevarnos a la aventura más mágica que es posible realizar en esta vida. La astrología describe vívidamente lo que te hace ser tú. Te ayuda a ver cómo formas parte de todo y cómo todo forma parte de ti. Al ser consciente de esto y tener el deseo de convertirte en la mejor versión de ti mismo —la que mantiene el tipo de relaciones acordes con tus valores, la que realiza el trabajo que de verdad te importa y te llena—, podrás renovar esas partes de la mejor manera posible.

Este libro te llevará a comprender tu carta astral en su totalidad. Su propósito es ayudarte a ver claramente tanto tus aspectos favoritos —los que muestras cuando entras en una sala donde hay otras personas— como los que menos te gustan, algunos de ellos infrautilizados o poco reconocidos, y otros que quizá ocultes a propósito y de los que te avergüences porque no sabes cómo utilizarlos de forma que, en vez de perjudicarte, te ayude.

Tal vez no supieras que la astrología puede hacer esto, sobre todo si solo has mirado el significado de tu signo solar para entender lo que dice tu plano astrológico sobre quién eres. Así que, antes de profundizar...

UNA NOTA PARA LOS EXCÉPTICOS

Si crees que la astrología es una tontería y, aun así, has elegido este libro, te doy las gracias y te felicito por tu decisión. Has decidido ir más allá de lo que crees que es verdad. Estás invitando a algo nuevo y diferente a tu vida. Ojalá hubiera más gente como tú, en ese sentido. Aunque no pases de este primer capítulo, debes saber que ya has hecho algo más atrevido de lo que muchos harán jamás.

Tu escepticismo tal vez provenga de que solo lees el horóscopo de tu signo solar. Es posible que a veces ese horóscopo dé en el clavo, y que en otras ocasiones no te hayas sentido identificado en absoluto con él. Quizá te bastó con ver un par de veces que tu horóscopo no reflejaba tu experiencia para descartar la astrología por completo.

Algunos rechazan la astrología sin pensarlo dos veces porque carece del respaldo científico que le exigimos a un sistema de superación personal. No obstante, ten en cuenta que el método científico no es capaz de captarlo todo. Si estás empezando en el campo de la astrología, trata de mantener una actitud abierta ante la dicha y el asombro que nos esperan más allá de lo que supuestamente conocemos. Comprueba por ti mismo si te dice algo. Mientras lees, pregúntate: «¿Este contenido estimula mi mente? ¿Me llena? ¿Me hace sentir algo en el cuerpo? ¿Me parece real? ¿Da la impresión de ser útil? ¿Tiene sentido?».

Si la respuesta es sí, ahí tienes toda la evidencia que necesitas.

Pienso que la astrología, más que una ciencia, es una especie de arte romántico. En realidad, se trata de una tradición mitopoética, que al igual que sucede con las experiencias más trascendentales de la vida, como el amor y el éxtasis, sabemos que no es posible cuantificar, pero que tiene una gran profundidad.

MUCHO MÁS QUE SIGNOS SOLARES

Quizá no sepas que en tu carta astral hay mucho más que ver y aprender aparte de la información que transmite tu signo solar. El Sol solo es una de las múltiples energías planetarias de tu carta, y cada una de ellas se encuentra en un signo astrológico. Cada una de esas relaciones entre planetas y signos te proporciona una gran cantidad de información sobre los puntos fuertes y débiles de tu *ser*. Conocer plenamente tu carta astral significa llegar a conocer, con todo detalle, tu «comité interno» —esas voces e influencias dentro de ti que crean el caos o el éxito y la satisfacción— y ver la forma de ascender en la escala de la destreza en cada ámbito de tu compleja identidad.

¿Quiénes son estos miembros del comité interno y qué tienen que decir sobre tu potencial y tus capacidades fundamentales? Al entender el significado de la ubicación de tus planetas en los signos astrológicos, podrás responder a esta pregunta. Cada planeta representa un aspecto de tu ADN psicológico y espiritual. Cuando seas capaz de comprender todas estas influencias y sepas cómo desarrollarlas bien y llevarlas a su máxima expresión, se iluminará tu camino hacia la felicidad personal.

Al aprender a trabajar con este comité interno, también mejorará tu habilidad, tu estrategia y tu experiencia para trabajar con los comités internos de otros; no de una manera manipuladora y egoísta, sino con la intención de reconocer, aceptar y celebrar las formas en que todos somos diferentes y complementarios.

Cuando te relacionas con alguien, es *tu* comité interno el que interactúa con el *suyo*. Se parece más a una cena, en la que chocan y se fusionan todas las personalidades y tendencias, que a una conversación entre dos personas. Los conocimientos que obtendrás en este libro te ayudarán a gestionar esta experiencia y a disfrutarla en lugar de desear que los demás piensen y se comporten más como tú lo harías, y, en definitiva, se parezcan más a ti.

Esto es compasión y empatía en acción: tomarse el tiempo y esforzarse por comprender las múltiples facetas de uno mismo y de los demás.

ASTROLOGÍA DE LA CARTA ASTRAL: UNA INTRODUCCIÓN ELEMENTAL

Tu carta astral es un «mapa» abstracto de los cielos cartografiados en el momento en que naciste y muestra la ubicación de los astros en el firmamento desde la perspectiva de tu lugar de nacimiento. Cada planeta aparece dentro de un segmento particular del mandala de la carta astral.

Los astros que estudiaremos en este libro —el Sol, la Luna, Mercurio, Marte, Venus, Júpiter, Saturno, Urano, Neptuno y Plutón— están representados por los símbolos que aparecen alrededor del borde exterior del círculo, dividido en doce secciones. Además, se incluye en la carta astral un asteroide, Quirón, que es importante reconocer y comprender. Asimismo, se dedica un capítulo al *signo ascendente*, también denominado *ascendente*, que es el que se encontraba en el horizonte en el momento de tu nacimiento.

Cada planeta de la carta astral representa un *arquetipo* específico.

En astrología, un arquetipo representa lo que mi maestro, Richard Tarnas, llama «un principio o fuerza universal que afecta impulsa, estructura e impregna la psique y el comportamiento humanos en múltiples niveles».[*] En otras palabras, cada planeta está conectado a expresiones psicológicas, sociales y emocionales específicas. El Sol representa el arquetipo de la identidad; la Luna, el de las necesidades y hábitos personales; Mercurio, el de la comunicación; Venus, el del amor y la belleza; Marte, el de la acción y la fuerza de voluntad; Júpiter, el de la expansión; Saturno, el de la estructura y la disciplina; Urano, el de la rebelión y la innovación; Neptuno, el de la disolución de los límites y la consciencia universal; Plutón, el de la profundidad y la transformación, y el asteroide Quirón, el del sanador herido.

En una carta astral, cada planeta cae en el ámbito de uno de los doce signos astrológicos, cada uno de los cuales ocupa aproximadamente un mes del calendario anual. La mayoría de las personas están familiarizadas con estos signos por los horóscopos de los periódicos de los signos solares: Aries, Tauro, Géminis, Cáncer, Leo,

---

[*] N. de la A.: Ver «An Introduction to Archetypal Astrological Analysis», del doctor Richard Tarnas, en www.gaiamind.org/AstroIntro.html.

UNA MUESTRA DE CARTA ASTRAL

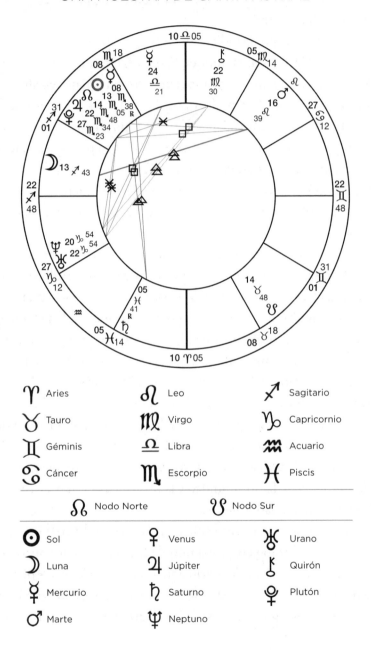

♈ Aries	♌ Leo	♐ Sagitario
♉ Tauro	♍ Virgo	♑ Capricornio
♊ Géminis	♎ Libra	♒ Acuario
♋ Cáncer	♏ Escorpio	♓ Piscis

☊ Nodo Norte		☋ Nodo Sur

☉ Sol	♀ Venus	♅ Urano
☽ Luna	♃ Júpiter	⚷ Quirón
☿ Mercurio	♄ Saturno	♇ Plutón
♂ Marte	♆ Neptuno	

Virgo, Libra, Escorpio, Sagitario, Capricornio, Acuario y Piscis. En el modelo de carta astral, puedes ver los símbolos de estos signos situados justo en el interior de sus planetas, hacia el centro del círculo (con un número entre ellos).

En el transcurso de miles de años, los antiguos astrólogos llegaron a reconocer ciertas características y cualidades que tendían a surgir y reaparecer en quienes tenían determinadas ubicaciones planetarias. Conforme esos astrólogos reunían y destilaban lo que iban aprendiendo, se transmitían y registraban sus conocimientos. Esta es la sabiduría que los astrólogos siguen aprovechando y reforzando en la actualidad.[*]

En cada persona se dan todos los arquetipos planetarios, «vestidos» con el aspecto, la sensación y las cualidades expresivas de uno de los signos astrológicos. Un astrólogo puede «leer» mucho sobre un individuo a partir de su carta astral, basándose en la ubicación de cada planeta dentro de los signos astrológicos. Solo para mostrar algunos ejemplos del impacto que los signos pueden tener en los planetas:

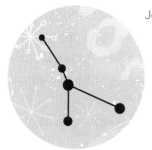

Jeffrey, cuyo Sol está en Cáncer, es un hombre sensible, de lágrima fácil, que se lleva muy bien con los niños. El arquetipo del Sol se expresa en Jeffrey a través de la mentalidad emocional, tierna y familiar del signo de Cáncer.

---

[*] N. de la A.: En la astrología occidental, los signos no representan constelaciones, a diferencia de la astrología védica o india, que se construye en torno al movimiento de las constelaciones a través del cielo en el tiempo (un fenómeno llamado precesión de los equinoccios).

Mónica tiene a Urano en Tauro, lo que podría significar que su tendencia a la rebeldía y a la innovación (la expresión arquetípica de Urano) se manifiesta en forma de actividades materiales y terrenales. Le gusta cultivar magníficos jardines con combinaciones originales de plantas y decora su casa con elementos únicos y sensuales.

¿No puedes entender por qué tu amado es tan reservado con sus emociones, mientras que tú quieres gritar tu amor y tu rabia a los cuatro vientos? Cuando comprendas que tu Luna está en Aries y la suya en Escorpio, te resultará más fácil aceptar y manejar esa diferencia. Incluso podrás predecir cuáles serán sus necesidades en una situación determinada y decirle cómo anticiparse a las tuyas.

Tu Sol en Sagitario quizá sea el motivo por el que, en ocasiones, pareces insensible o exigente con tu mejor amiga, cuyo Sol está en Piscis; también explicaría por qué ella, con el Sol en Piscis, es tan susceptible a las emociones y a veces le cuesta llegar a tiempo y concentrarse cuando hacéis planes para salir.

Esta es la clase de conocimientos que aprenderán los lectores de esta obra: la capacidad de comprender cómo se expresan estos arquetipos en ellos mismos y en los demás, y cómo afectan al comportamiento y a las relaciones. Este conocimiento inspira compasión y aporta poder personal e interpersonal.

Para ver cómo se colocan los planetas en los signos, lee la carta de muestra en sentido contrario a las agujas del reloj desde abajo de la línea horizontal del lado izquierdo (la línea ascendente). Neptuno y Urano están en Capricornio; Saturno, en Piscis; Marte está en Leo; Quirón está en Virgo; Mercurio, en Libra; Venus, el Sol, Júpiter y Plutón están en Escorpio, y la Luna, en Sagitario. El signo situado a la izquierda de la línea ascendente es el signo ascendente; en este caso, Sagitario.

Aquí no hablaremos de las líneas y los símbolos que *no sean* planetas ni signos. Es decir, las líneas que atraviesan el centro con los cuadrados, triángulos y asteriscos (*aspectos*) y los dos símbolos en forma de herraduras que se encuentran frente a frente (*nodos*).

Los objetivos de esta obra son los siguientes:

- Proporcionarte una manera fácil y sencilla de entender tu propia carta astral o las cartas de los demás.
- Cambiarte la vida inmediatamente al mostrarte con claridad las múltiples facetas de tu ser, en toda su complejidad, entre ellas tus «ángulos muertos», o los aspectos de ti mismo que no puedes o no quieres ver con claridad. (Haré esto de manera que traiga esperanza y cambio positivo, no desesperanza y resignación).
- Mostrarte lo diferentes que son estos mapas en cada persona.
- Ayudarte a dejar de criticar a los demás, mientras piensas: «Son como yo, solo que no se dan cuenta; ¿por qué no pueden hacer lo que yo haría, o lo que yo creo que deberían hacer?», y llegar a una profunda comprensión y apreciación de las diferencias innatas y de las distintas formas de expresión.
- Enseñarte a utilizar tus talentos y a encontrar modos viables de mejorar en las áreas con más potencial de crecimiento.
- Animarte a aportar lo mejor de ti a tu comunidad y al mundo.

«NIVELACIÓN» DE LOS PLANETAS EN CADA SIGNO

En mis treinta años de asesoramiento a clientes a nivel internacional, he llegado a constatar que todo el mundo atraviesa etapas identificables de desarrollo psicológico y cósmico. Estas etapas no son lineales; son más bien una espiral que asciende gradualmente. Quería hablar del potencial de cada signo en cada planeta utilizando un lenguaje menos lineal, más matizado y menos «positivo frente a negativo» que el que se suele encontrar en los libros y enseñanzas de astrología. También he procurado emplear descripciones de la expresión de cada planeta dentro de los signos que tengan en cuenta el hecho de que todos, en cualquier momento, podemos sentirnos impulsados a actuar y relacionarnos con falta de madurez, especialmente si no somos conscientes de las fuerzas que nos impulsan. Mi intención ha sido permitir que todos podamos ser más conscientes de estas fuerzas y utilizarlas sabiamente cuando sea necesario.

Este es el primer libro de astrología que describe la influencia de los planetas en un potencial perfil psicológico, es decir, analiza cada planeta en todos y cada uno de los signos, y sus diferentes niveles de expresión. Cada capítulo dedicado a los astros (Sol, Luna, Mercurio, Marte, Venus, Júpiter, Urano, Saturno, Neptuno, Plutón y el asteroide Quirón) incluye lo siguiente:

- Una descripción del *mito original* del planeta en cuestión.
- Un *símbolo actualizado de ese planeta, basado en su naturaleza*, que capta sus mismas energías arquetípicas.*
- Una descripción de los *tres niveles* en los que se pueden expresar las energías representadas por ese planeta en cada signo de la carta astral.

PRIMITIVO. Todos los seres humanos venimos al mundo con una serie de estrategias reptilianas programadas que tienen como objetivo la supervivencia. Cuando nos negamos a reconocerlas —cuando las cubrimos de vergüenza y las miramos con miedo— acabamos viviéndolas inconscientemente, a menudo de forma poco acertada o perjudicial. Admitamos que portamos este patrón primitivo, regresivo y retrasado en el desarrollo. En lugar de intentar esconderlo o erradicarlo, debemos encontrar la manera de sacar a la luz esas

---

* N. de la A.: El capítulo que trata del ascendente (signo ascendente) no incluye un mito antiguo; en su lugar, introduce la imagen de la «ventana» que reemplaza a la metáfora o imagen más antigua de la «máscara».

facetas en entornos seguros donde se puedan cuidar y sanar, y en donde se transformen en lugar de exteriorizarse.

ADAPTATIVO. Una vez que hemos reconocido nuestros impulsos vibratorios más bajos, podemos elevar sistemáticamente nuestro potencial para mejorar y vivir unas relaciones más maduras, centradas en el adulto, con nosotros mismos y con los demás. Ascendemos desde el cerebro reptiliano para involucrar al neocórtex en la toma de decisiones y la deliberación; nuestras motivaciones se vuelven más meditadas, reflexivas y consideradas con las necesidades ajenas.

EVOLUTIVO. Cuando comprendemos que nuestro mayor interés está siempre integrado en el bien más elevado para todos, la pregunta que nos hacemos es: «¿Cómo puedo servir a la sociedad con mi amor, mi talento o mis dones?». En esta expresión más elevada de los arquetipos planetarios y zodiacales, la motivación principal pasa a ser la de la contribución. En este nivel de expresión, es posible transmutar la energía o estar presente de una manera que puede transformar instantáneamente a los demás.

La astrología psicológica no avergüenza a nadie por el nivel que es capaz de alcanzar, ya que considera la vida entera como una sucesión de lecciones. Según esta concepción del universo nadie ha superado sus lecciones, ya que, de haberlo hecho, simplemente no habría encarnado. Este libro está estructurado de tal manera que te resultará fácil aprender a reírte de ti mismo cuando te veas actuando en el nivel primitivo de un planeta en un determinado signo; también te ayudará a tener estupendos debates con otros sobre cómo pasar a los niveles adaptativo y evolutivo.

No es posible vivir siempre una versión evolutiva de los arquetipos planetarios. A lo largo de nuestras vidas todos regresamos en algunos momentos al nivel primitivo y al adaptativo. Las expresiones primitivas que se describen para cada signo en cada planeta existen en cada uno de nosotros. De hecho, *todos* las experimentamos y *es necesario* manifestarlas. Ya sabemos lo que ocurre cuando fingimos no tener ningún lado oscuro en nuestro ser: la sombra no reconocida y no expresada a menudo acaba tomando el control.

Mediante los conocimientos y las prácticas de este libro, aprenderás, no a alcanzar para siempre la expresión perfecta de los potenciales de tu carta astral, sino a vivir cada vez más las cualidades adaptativas y evolutivas de tus planetas, y a darte cuenta enseguida de cuándo el modo primitivo toma las riendas y perdonarte a ti y a los demás.

En cada capítulo, describo las posibilidades primitivas, adaptativas y evolutivas del astro destacado en cada uno de los doce signos astrológicos. Se ofrecen muchos ejemplos de la vida real (compartidos de forma anónima, con nombres y detalles modificados). Aquí tienes un par de ejemplos que muestran cómo pueden operar estos niveles:

Ben, cuyo Sol está en Piscis y cuya Luna y ascendente están en Escorpio (todos ellos signos de agua), trabajó conmigo durante años para salir de las relaciones codependientes. En esas relaciones, siempre lo trataban como un felpudo y cada cierto tiempo caía en el uso adictivo de la heroína para tratar de escapar del dolor emocional. Rara vez era capaz de superar el nivel primitivo de sus planetas en los signos.

Leandra tiene su Sol en Cáncer, su Luna en Escorpio y su ascendente en Piscis. Por razones que seguramente entenderás a medida que trabajes en este libro, estas posiciones de los signos de agua en puntos importantes de la carta astral podrían significar para ella dificultades primitivas parecidas a las que sufrió Ben. Pero ella canalizó su gran capacidad de sentimiento y empatía en la creación de una organización de apoyo a los niños huérfanos y ahora es una de las líderes más amables y bondadosas en su campo. Es un excelente ejemplo de vivir la mayor parte del tiempo en el nivel evolutivo.

EL APRENDIZAJE PROFUNDO Y LA INTEGRACIÓN POR MEDIO DE PRÁCTICAS SOCIOEMOCIONALES

Cada capítulo que aborda un arquetipo planetario termina con prácticas extraídas del aprendizaje socioemocional, ejercicios que profundizarán tu comprensión personal de ese planeta, además de fomentar la conexión con los demás. Estas prácticas son «Sumérgete», «Relaciónate», «Arriésgate» y «Reflexiona».

La última sección de cada capítulo incluye varias preguntas diseñadas para el debate en círculo con un club de lectura, una clase o una reunión de amigos o familiares. Espero que tengas al menos un amigo o un ser querido en tu vida que esté dispuesto a unirse a esta aventura contigo y a leer el libro y trabajar en las prácticas y preguntas para el círculo. Si no es así, puedes realizar las prácticas y responder a las preguntas por ti mismo utilizando un diario.

Las prácticas, que pueden realizarse diariamente, o una vez al mes o al año, son ideales para las actividades de un club de lectura o para fomentar la intimidad en la pareja. Cuanto más las apliques, más aumentarán la felicidad personal y la conexión profunda. La neurociencia moderna confirma que este tipo de actividades, practicadas con regularidad, pueden llegar a «reconfigurar» el cerebro y transformar nuestra manera habitual de pensar y de relacionarnos.

UNA MITOLOGÍA REVISADA

En la astrología tradicional, los arquetipos planetarios suelen describirse según los mitos de la antigua mitología griega o romana. Este libro ofrece una actualización muy necesaria a los arquetipos basada en el imaginario del mundo natural. Por ejemplo, en lugar de referirme al mito de Apolo para describir el arquetipo del Sol, utilizo la imagen de la raíz primaria, una raíz vegetal con un grueso tallo central que crece hacia abajo y finos brotes. En lugar del antiguo mito femenino limitado de la diosa Venus, ese arquetipo se describe aquí como un jardín exuberante y, a la vez, bien estructurado.

Si prestas mucha atención a tus instrucciones internas de funcionamiento, podrás sacarle todo el jugo a la vida y también ayudar en mayor medida a los demás. El conocimiento de este libro no eliminará el sufrimiento ni las desgracias, ya que son experiencias naturales en la vida de todo el mundo; sin embargo, te ofrecerá una gran ventaja para aprovechar al máximo lo que se te ha dado y te ayudará a levantarte incluso de las situaciones más difíciles. Este libro es para quienes saben que la vida es un viaje asombroso para el cual resulta muy útil disponer de un mapa sagrado y vivo.

CONÓCETE A TI MISMO, AYÚDATE Y AYUDA A LOS DEMÁS, AYUDA AL MUNDO

He disfrutado mucho aprendiendo y practicando este maravilloso arte de la astrología psicológica, y confío en que quien se comprometa a aprender algunos aspectos básicos y a aplicarlos verá cómo su vida se transforma de las maneras más inesperadas. Sin embargo, este no es el tipo de libro que promete hacerte pasar en dos segundos de una vida llena de estrés, tensión, angustia y sueños frustrados a otra de éxito fulgurante, si te comprometes a seguir al pie de la letra sus instrucciones. Por el contrario, es la clase de libro que despliega su magia al mostrarte el yo en toda su complejidad y esplendor.

A medida que nos vamos conociendo más a fondo a nosotros mismos, llegamos a comprender mejor a los demás. Los aceptamos como son y reconocemos la profundidad y la amplitud de lo que en realidad significa eso: tienen tanta riqueza y diversidad interior como nosotros, y su naturaleza no es mala solo porque no sea como la nuestra. Podemos presentarnos ante ellos tal y como somos, y ellos pueden confiar en que podrán hacer lo mismo con nosotros.

Conocernos a fondo nos guía hasta el umbral del propósito de nuestra vida. A todos nos han dicho lo que *los demás* creen que debemos hacer, cómo debemos ser, qué es lo que mejor se nos da. La astrología psicológica nos ayuda a saber esto por nosotros mismos con observaciones que resuenan profundamente en nuestro interior.

Cuando abrazamos lo que de verdad somos y no lo que creemos que deberíamos ser, brilla una luz que nos muestra el camino. Tal vez no veamos completamente hacia dónde vamos, pero sabemos en qué dirección es mejor dar nuestros siguientes pasos. Podemos saber que, si seguimos adelante, el resto se revelará, llevando nuestro autoconocimiento con nosotros como una linterna extraordinariamente potente.

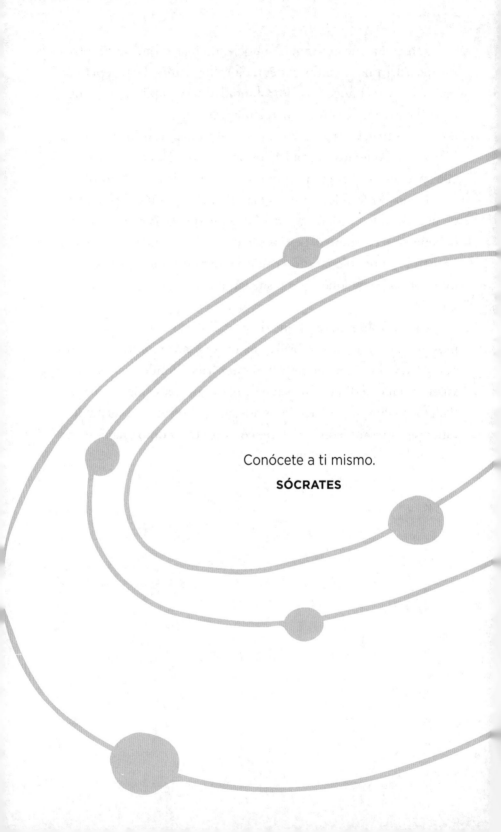

Conócete a ti mismo.

SÓCRATES

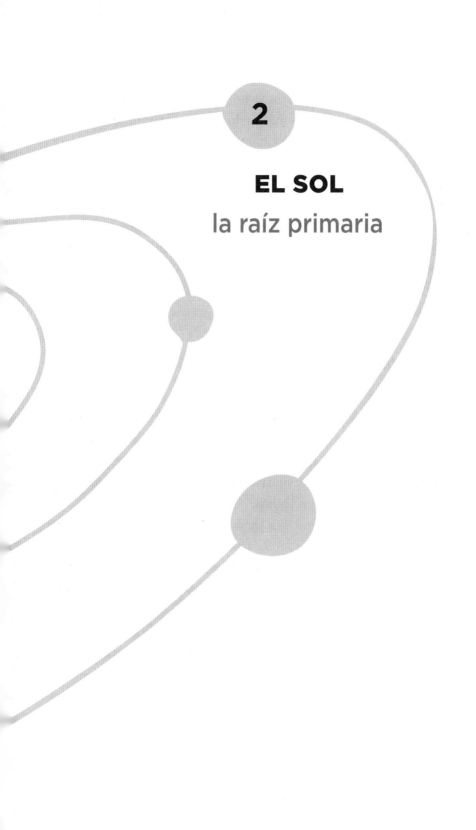

2

EL SOL
la raíz primaria

El Sol representa la luz a través de la cual brillan todas nuestras facetas. Nuestro signo solar describe nuestra esencia, nuestras energías más profundas y su expresión en el mundo, el «yo soy…» de la carta natal astrológica. Prueba esto: empieza una frase con «Yo soy» y mira lo que fluye a continuación. Lo que respondas probablemente se alineará de alguna manera importante con tu signo solar. El signo solar es nuestro yo principal y la fuente de nuestros impulsos y expresiones fundamentales.

El signo astrológico de nuestro Sol nos habla de uno de nuestros mayores retos kármicos: ¿llegaremos a convertirnos en la versión más evolucionada de nosotros mismos, o dejaremos que la duda nos arroje a la sombra o incite al autosabotaje?

EL MITO DE APOLO

En la mitología clásica el dios Apolo simboliza al Sol. Apolo era hijo de Zeus y Leto, y tenía una hermana gemela, Artemisa. En uno de los mitos del origen, Apolo nació de Leto, con la ayuda de Artemisa, justo después de que Leto escapara de la serpiente gigante Pitón. A los cuatro días de su nacimiento, Apolo se vengó de Pitón y reclamó su santuario en Delfos.

Apolo creció como dios de la luz, la música y la poesía, líder del coro de musas. Era la encarnación tanto de la belleza física como de la moral virtuosa, el portador de la luz interior, cuyo mensaje final era conocerse a sí mismo. Era conocido por su capacidad de pensar con claridad y dirigir con la razón.

Apolo definía el autoconocimiento como la meta y el autodominio como la «tierra prometida»: el yo definido a través de las metas y los logros.

LA RAÍZ PRIMARIA

Las plantas pueden tener un sistema de raíces fibrosas –muchas raíces de tamaños similares– o una raíz primaria, que desarrolla una raíz principal bajo tierra con muchas raíces pequeñas que se ramifican. El arquetipo del Sol es como la raíz primaria en la medida en que desarrollamos nuestros talentos y dones de arriba abajo de forma sólida, responsable y consciente, con afluentes que surgen para canalizar el alimento de esa luz hacia los que nos rodean. Esta nueva imagen lleva esta energía luminosa hacia la Tierra y hacia otras arterias que dan vida. Las raíces primarias deben recibir la energía de la luz solar para crecer fuertes, conectarse y sostenerse, y se fortalecen al arraigarse profundamente en el cuerpo de la Tierra.

El símbolo de la raíz primaria nos orienta hacia una búsqueda de la autorrealización que allana el camino para ennoblecer a los demás en *su* luz divina. La posibilidad evolutiva del Sol como raíz primaria es que cada persona se vuelva tan brillante que todos los que la rodean despierten a la activación de su propia luz.

EL SOL EN LOS SIGNOS

El Sol en la carta se relaciona con la estructura del ego y el sentido del yo. Representa el impulso de *ser* y crear, de ser reconocido y expresado. Su signo refleja las principales formas en que nos identificamos y organizamos nuestras diversas facetas en una personalidad cohesionada.

Sol en Aries

Cuando pienses en el Sol en Aries, imagina al hombre de las cavernas, dedicado a defenderse de las bestias salvajes y a encontrar comida y refugio para su tribu. Piensa en Wonder Woman (la Mujer Maravilla). Y acuérdate del eslogan de Nike: *Just do it* (Hazlo). Quienes tienen al Sol en Aries tienden a ser muy enérgicos, fogosos, directos y contundentes. Son emprendedores naturales a los que se les da bien poner en marcha las cosas. La otra cara de este poderoso signo puede ser la impulsividad, el egocentrismo o la inmadurez.

PRIMITIVO. Cuando te dejas llevar por la expresión más primitiva del Sol en Aries, lo único que te importa es el *yo-yo-yo-yo-yo*. Si alguien en tu esfera olvida lo importante que eres, aunque sea por un segundo, se lo recordarás, y no de forma tímida o discreta. Lo que tú quieres es lo que *todo el mundo* debería querer: dedicarse *a ti* por completo. Sabes exactamente cómo quieres que vayan las cosas, y si no te sales con la tuya, alguien pagará por ello.

ADAPTATIVO. Eres valiente y proteges a los demás. Defiendes de buen grado una postura y luchas por la justicia, especialmente cuando ves que oprimen o intimidan a alguien de alguna manera. Te esfuerzas por utilizar tu considerable fuerza y confianza al servicio de quienes más las necesitan.

EVOLUTIVO. Tu liderazgo está al servicio de la justicia social y de las causas que favorecen a todos, especialmente a los más desfavorecidos. Cualquiera que sea el talento o los dones con los que hayas sido dotado, los ofreces a quienes tienen unas necesidades mayores que las tuyas. La fuerza de tu ego está al servicio de la comunidad. Dondequiera que estés, a menudo te preguntas, con la energía y el empuje que te caracterizan: «¿Cómo puedo utilizar mejor mis dones?».

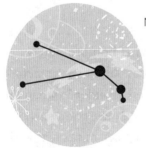

Mara, cuyo Sol está en Aries, se encarga de una granja por las noches; de día, dirige un periódico. En ambos ámbitos, utiliza su espíritu pionero al servicio de la sociedad. Nada se interpone en su camino para llevar las noticias a la gente, con frescura y audacia, y asegurarse de que los animales estén cercados por la noche.

Mara trabaja constantemente al servicio de la comunidad, tanto si esta está formada por los lectores de su periódico como por los animales que cuida en su granja.

Sol en Tauro

Quienes tienen al Sol en Tauro suelen poseer un gran atractivo: con los pies en la tierra, reales, serenos y hermosos de la misma manera que lo son las rocas, las montañas, los campos y los valles. Los puntos débiles de este signo solar pueden ser la terquedad, la pereza o el aferramiento a la riqueza material o a la seguridad.

PRIMITIVO. Si tu Sol está en Tauro y te encuentras en tu punto más bajo, es posible que no pares de gritar, como un niño pequeño en mitad de una rabieta: «¡Mío! ¡Mío! ¡Mío! ¡Dámelo! Necesito más». ¿Alguien quiere que compartas lo que tienes? Ni hablar.

Por supuesto, lo que estás diciendo con esta actitud es que en esta fase identificas lo que *tienes* con lo que *eres*. Cuanto más tengas, mayores serán tus posibilidades de encontrar la seguridad y el bienestar en el mundo. Lo quieres todo, pero definitivamente no estás dispuesto a esforzarte para conseguirlo, y más vale que nadie te pida que muevas un dedo.

Cuanto menos tengas que hacer, mejor. Crees que te mereces que los demás, si te quieren, se acerquen a ti y te complazcan, te ofrezcan uvas, te den masajes en los pies y te arreglen los cojines. Y, si no, ya pueden largarse con viento fresco.

ADAPTATIVO. Tu inseguridad disminuye, y con ella desaparece parte de tu terquedad. Estás dispuesto a compartir lo que posees, porque confías en tu capacidad para conservar y acrecentar el valor de tus pertenencias. Como ya no eres un niño llorón que se niega a compartir, se ha creado en tu mente y en tu corazón un espacio que te permite apreciar la belleza, y disfrutas compartiendo tu sentido estético con otros. Empiezas a sentirte como una roca en la que los demás pueden apoyarse.

EVOLUTIVO. A medida que aumenta tu sensación de seguridad, puedes dejar que tu solidez y tu profundo sentido de la continuidad y la responsabilidad se conviertan en un recurso constante y tranquilizador para los demás. Aumenta tu sensación de ser una piedra de apoyo; no solo eres un lugar seguro de descanso para los que lo necesitan, sino que también puedes abrazar y reconfortar a quien acude a ti para refugiarse. Has entendido que la medida de tu valor no reside en lo que posees, sino en lo que entregas.

Sol en Géminis

Las personas con el Sol en Géminis suelen ser habladoras, inteligentes y astutas. Tienen una notable destreza física y mental, y les encanta relacionarse a través de la comunicación verbal. En su estado más primitivo, pueden enfrascarse en detalles sin importancia o ser chismosas, dispersas o distraídas.

PRIMITIVO. «¡Bla, bla, bla, bla! ¿Has visto ese video sobre...? ¿Conocías este chisme sobre...? No te distraigas: escúchame porque necesito decir todo lo que se me ocurra, ¡y tú tienes que prestar atención!».

Con tu Sol en Géminis, en tu punto más bajo te dedicas a transmitir hábilmente información sea o no correcta. Te encantan los chismes y dedicarte a difundir rumores, parece que el único partido que le sacas a ese don de la palabra que tienes es ejercitar tus mandíbulas. Cuando no encuentras un interlocutor atento, sientes desolación y miedo, y es posible que trates de hacer tus narraciones más interesantes embelleciéndolas e inventando detalles para conseguir que les presten atención.

ADAPTATIVO. A medida que alcanzas una expresión más madura del Sol en Géminis, comprendes que el contenido de la conversación es lo más importante. Comienzas a ser consciente de tu propia habilidad para la comunicación y la utilizas para ayudar a otros a conectarse. Descubres que las personas que necesitan oportunidades y posibilidades empiezan a acudir a ti en busca de apoyo, y perfeccionas tus habilidades comunicativas para compartir eficazmente información y conocimientos veraces. Todo lo que aprendes lo transmites a los demás, pero ahora te das cuenta de que hay que esperar el momento y el lugar adecuados para comunicarlo.

EVOLUTIVO. Tus palabras son obras. Hablas desde una comprensión sagrada de que cada palabra es un ser vivo. Tus frases son sacramentos para que otros conozcan su valor y su naturaleza amada en esta Tierra. Comprendes profundamente la sabiduría y la filosofía superiores; y, al mismo tiempo, enseñas con una actitud de total humildad. Sabes que siempre serás un principiante en la senda de tu educación espiritual.

Kim, una de las personas más inteligentes que conozco, tiene su Sol en Géminis. Ella es la conexión perfecta que te proporciona cualquier recurso y persona que desees conocer. Cuando no está hablando por teléfono para ayudar a otros a relacionarse, se dedica a leer acerca de las últimas tendencias y ofertas culturales para asegurarse de que siempre tiene información relevante que ofrecer.

Sol en Cáncer

Las personas con Sol en Cáncer tienden a ser empáticas y a nutrir profundamente a los demás a nivel emocional. Sin embargo, también pueden ser hipersensibles, dependientes o necesitadas.

PRIMITIVO. Tu deseo más profundo es cuidar a los demás, pero cuando no sabes canalizarlo, en realidad, utilizas este superpoder para encadenarlos a ti como rehenes emocionales: los mimas para que dependan de ti. Es como si los cuidaras para que te necesiten. Cualquier crítica, juicio o rechazo que percibas te hace atacar, quitarte de en medio o tomar represalias. Si los otros no atienden tus necesidades, recurres al chantaje emocional manipulador e irracional.

ADAPTATIVO. Al salir de tu cueva de reactividad emocional, te das cuenta de que existen otros seres humanos ahí fuera y puedes percibir su fragilidad emocional. Empiezas a utilizar esa capacidad para atenderlos. Ves que ser frágil es tu mayor don y que ayudar a los demás es precisamente la clave para volverte más resiliente y resuelto en tu propia vida. Tu forma de amar siempre da prioridad a la sensibilidad de los otros, y empiezas a sentir una gran satisfacción al saber que están bien cuidados.

EVOLUTIVO. Tu fuente de sentimientos es tan profunda y vasta que, en tu presencia, todos sienten como su capacidad de sentir se expande de todas las formas posibles. Salvaguardas, tanto en ti como en los demás, a la gran Diosa Madre y su extraordinaria forma de nutrir la Tierra. Comprendes cómo el ecosistema emocional y los ecosistemas reales de la naturaleza trabajan juntos para ayudar a la evolución de la humanidad y del planeta. Eres el reflejo, el apoyo y el guardián de los ecosistemas humanos y naturales.

Sol en Leo

Los nativos del Sol en Leo tienden a ser creativos, cariñosos y con un corazón abierto. Suelen tener talento para trabajar como artistas o presentadores. También pueden ser egocéntricos y necesitar mucha aprobación y atención.

PRIMITIVO. Tu Sol en Leo significa que eres la estrella en todo momento. Esperas ser reverenciado, elevado y favorecido, y que un séquito infinitamente atento escuche tus historias y te halague sin cesar. No tienes nada que ofrecer a quienes no te adoran.

ADAPTATIVO. Descubres que entretener a los demás te pone en contacto con tu capacidad de alegría y que, en tu presencia, otros pueden sentir su propio entusiasmo y euforia infantiles. Comprendes que el mayor privilegio de estar vivo es jugar, y empiezas a querer compartir esa alegría con quienes te rodean.

EVOLUTIVO. Tu corazón se convierte en una luz para descubrir la grandeza ajena. Todos tus dones y talentos están aquí para elevar tu capacidad de amar. Tu propósito es despertar el amor dondequiera que estés y ser un avatar del amor y la aceptación incondicionales.

Satcha, cuyo Sol está en Leo, se educó en una familia privilegiada y no le faltó de nada. Era la menor de cuatro hermanos y la única niña. La mimaron desde que nació y estaba acostumbrada a conseguir cualquier bien material que se le antojara.

Con su Sol en Leo, creció esperando que los focos brillaran sobre ella y que tanto la familia como los amigos la adoraran y admiraran. Se centraba mucho en su apariencia personal y su atractivo a expensas de una exploración más profunda. Con solo entrar en una sala acaparaba toda la atención, y eso le encantaba. Durante sus años de secundaria y bachillerato, se convirtió en una actriz bastante competente. Se volvió adicta a los elogios que recibía por actuar y ser la estrella, así que decidió seguir una carrera en el mundo del espectáculo para cumplir su gran sueño narcisista de alcanzar la fama.

Por suerte para ella, tuvo una serie de novios egocéntricos que le enseñaron con gran dolor de corazón que ser el centro no siempre equivale a ser amado. En un momento dado, ganó mucho peso debido a desequilibrios hormonales y al estrés de intentar amar a personas que la engañaban y le mentían. Esto la llevó a un profundo periodo de introspección y a reconsiderar sus valores.

Durante esa «noche oscura del alma», que duró todo un año, comprendió que la carrera de actriz que tanto ansiaba era también una causa de constante rechazo y humillación. En ese momento, conoció a personas clave en su vida que le hablaron por primera vez de la idea de ser una maestra espiritual. A partir de ahí, pasó años estudiando disciplinas espirituales y aprendiendo a quererse con un criterio interno en lugar de basándose en las medidas externas.

Ahora, Satcha es una maestra espiritual con un gran prestigio y comparte una enseñanza que se centra en la autoaceptación y el amor universal. Su luz es visible a kilómetros de distancia porque está viviendo la máxima expresión del Sol en Leo: inspirar y animar a todos a abrir sus corazones.

Sol en Virgo

Quienes tienen el Sol en Virgo tienden a ser responsables, disciplinados y organizados. Saben que hay una forma correcta y otra incorrecta de hacer las cosas, y se empeñan en esforzarse todo lo posible para asegurar que se haga bien. Asimismo, tienen una gran capacidad de ayudar a otros y de encontrar el equilibrio para integrar cuerpo, mente y espíritu en el servicio cuando es necesario.

Las personas con el Sol en Virgo pueden caer en estados de perfeccionismo, y ser excesivamente quisquillosas y puntillosas, aparte de ser aficionadas a dar consejos sin que se los pidan.

PRIMITIVO. En el nivel primitivo, vives con el miedo a ser juzgado por los demás, por lo que te aseguras de juzgarlos tú primero. La imperfección te ofende, y no dudas en corregir una y otra vez a quien se equivoca. Sirves a los demás, pero lo haces para ganarte su aprobación. De hecho, si es necesario, te martirizas con tal de llamar la atención.

ADAPTATIVO. Ayudar y realizar buenas obras es lo que te motiva. Quieres que la gente sea consciente de los métodos específicos que utilizas para mejorar tu bienestar y empiezas a desarrollar estrategias para impartir de forma organizada esos conocimientos. Te centras en el desarrollo personal porque sabes que la mejor manera de ayudar a otros a crecer es convertirte en un ejemplo de salud física, mental y espiritual.

EVOLUTIVO. Utilizas todas las técnicas de percepción para organizar una vivencia de compasión y aceptación divina a nivel grupal. Tu servicio emana de tu consciencia de ser un conducto para la armonía y la sabiduría espirituales. Eres un ejemplo de amalgama mente-cuerpo-espíritu. A través de ti, otros experimentan la imperfección como camino hacia la iluminación.

Sol en Libra

Quienes tienen al Sol en Libra están comprometidos con el equilibrio, la armonía social y la justicia. Tienden a ser habladores y atractivos, y a tener una belleza simétrica y clásica. La expresión más torpe de Libra puede manifestarse en forma de superficialidad, ya sea por estar demasiado centrados en cómo los ven los demás o por tener una obsesión por la belleza que eclipsa otros asuntos importantes.

PRIMITIVO. Una expresión primitiva de Libra significa aparentar que te preocupas por los otros únicamente como una forma de ser especial. Te centras en tu propia apariencia: ¿qué piensa de ti la gente? ¿Qué impresión das? ¿Te ves bien? Evitas profundizar a toda costa porque esa inmersión profunda podría revelar alguna fealdad.

ADAPTATIVO. Has desarrollado una extraordinaria habilidad para sacar a la gente de su caparazón. Eres, por excelencia, la persona que inquiere, y tienes una enorme compasión. Cuando alguien está contigo, se siente el centro de tu brillante atención. Te sientes unido a él al dedicarle toda tu atención, y eso te hace crecer.

EVOLUTIVO. Tu enorme receptividad social y tu talento estético único se unen con el fin de elevar el listón de la armonía en la comunidad. A través de ti, los demás llegan a reconocer que el equilibrio y la paz se crean cuando nos ponemos de acuerdo y compartimos nuestra perspectiva con un «sí, y además...» en lugar de rebatir y discutir con un «sí, pero...». Tus habilidades de mediación son insuperables porque te vuelves voluntariamente invisible para que las verdades fundamentales, en apariencia dispares, puedan encontrar lo que tienen en común.

Sol en Escorpio

Quienes tienen el Sol en Escorpio tienden a estar dotados de una enorme profundidad, intensidad y valentía a la hora de decir la verdad; quieren vivir directamente en el corazón palpitante y sensual de la realidad. No tienen miedo de transformar las circunstancias actuales, aunque haya que pagar un precio por esa transformación.

Suelen ser reservados y cautelosos, y su tremenda intensidad y su profunda energía acuosa pueden traducirse a veces en una fuerza destructiva.

PRIMITIVO. Una expresión primitiva del Sol en Escorpio puede presentarse en forma de adicción a la fuerza como fuente de poder. Si vives en este estado, estás alimentado por el lado oscuro, y harás caer a los demás contigo en cualquier oportunidad. La lujuria, la envidia y la codicia te impulsan a competir constantemente por el poder para que nadie sea superior a ti. Vives para dominar porque no toleras quedar por debajo de otros.

ADAPTATIVO. Tu dedicación y la increíble agudeza de tu enfoque ayudan a los demás a desarrollar sus capacidades de concentración. Utilizas tu combustible emocional para ayudar a otros a resolver problemas y transformar situaciones aparentemente irresolubles. Tu energía sexual es una fuente de vitalidad para ti y para quienes te rodean y está ligada a la creatividad generativa, en lugar de al desenfreno egoísta.

EVOLUTIVO. Eres una especie de «reiniciador cósmico». Cuando otros se sienten absolutamente acabados, tú eres la fuente de energía que necesitan para renacer, a nivel emocional, intelectual y físico. La energía fluye a través de ti; eres como una batería que recarga a los demás para que aumenten sus niveles de dedicación social e innovación. Te ayudas a ti mismo y a quienes te rodean a metabolizar las fuerzas oscuras convirtiéndolas en un abono para la magia, la hechicería y la clarividencia.

Sol en Sagitario

Las personas con el Sol en Sagitario tienden a ser aventureras y a buscar el conocimiento. Son sociables y expansivas, disfrutan de la búsqueda de la verdad y el aprendizaje; además, les encantan las fiestas. En los momentos más bajos, pueden parecer arrogantes y sabiondos.

PRIMITIVO. Como Sol en Sagitario en su expresión primitiva, esperas que los demás se crean todo lo que cuentas, aunque te lo estés inventando; pero no te preocupes, que si lo has dicho tú, *debe* de ser verdad. Eres muy presuntuoso y tienes la costumbre de prometer mucho y no cumplir. Te consideras el alma de la fiesta y crees que nadie debería plantearse salir de fiesta sin ti.

ADAPTATIVO. Empiezas a buscar las motivaciones más auténticas: las que tienen que ver con servir a otros, con descubrir y compartir verdades importantes y con ampliar tus conocimientos. Los conocimientos adquiridos los utilizas libremente para mejorar tu experiencia. Tus viajes y relaciones sociales con otras personas son trampolines para tu desarrollo, y esperas inspirar a los demás para que amplíen sus horizontes. Continúas tu búsqueda a pesar de saber que nunca alcanzarás el destino de tu propia maestría.

EVOLUTIVO. Tu alegría contagiosa por el aprendizaje es alimento para que los demás persigan sus nobles verdades. Sabes que hay mil maneras de arrodillarse y rezar; lo más importante es que cada uno encuentre las creencias que lo nutren y lo mueven a apreciar mejor su esencia. Tú eres el puente entre las dudas de la gente y su comprensión clara del papel que les corresponde como parte de un conjunto más amplio.

Sol en Capricornio

Las personas con el Sol en Capricornio tienden a ser trabajadoras, responsables, orientadas a la acción y a pensar en el futuro. Les encanta alcanzar logros y trabajar duramente, así como recibir reconocimiento por estas cualidades y por los esfuerzos que impulsan. En sus expresiones más bajas pueden estar estresadas, ser excesivamente ambiciosas y adictas a los elogios.

PRIMITIVO. Todo lo haces para impresionar a la gente. Eres la persona más ocupada del universo y te mantienes así todo el tiempo. También te aseguras de que todo el mundo sepa lo ocupado que andas, para que reconozca tu importancia y la riqueza de conocimientos que aportas. Tu gran ambición es llegar a la cima, aunque no tengas ni idea de por qué te empeñas en ello. Lo que más feliz te haría es que te considerasen uno de los expertos supremos en tu campo.

ADAPTATIVO. Utilizas tus considerables aptitudes para apoyar y potenciar las de los demás. Eres consciente de que tu capacidad para convertir las ideas en objetivos realizables puede ayudar a otros a alcanzar sus mayores sueños, y esto te produce una enorme satisfacción y alegría. Empiezas a entregarte por completo a los demás, para que todos lleguen a conocer su propio valor.

EVOLUTIVO. Consideras tu deber asegurarte de que todo el mundo se entere de que desempeña un papel fundamental en la evolución de la consciencia humana. Eres la roca en la que la gente puede descansar, reponerse y volver a tener un sentido de propósito. No te importa lo que otros piensen de ti, pero sí, y mucho, dejar un legado valioso en esta Tierra, un valor determinado no por la compensación material o la puntuación, sino por dejar el planeta mejor de lo que lo encontraste.

Sol en Acuario

Los individuos con el Sol en Acuario tienen una mentalidad social por naturaleza. Tienden a concebir grandes ideas globales sobre cómo podría ser el mundo y cómo podemos trabajar unidos para hacer realidad esas visiones positivas. Son muy intuitivos y se les da bien pensar de forma abstracta y creativa. Algunas desventajas del Sol en Acuario: pueden ser *demasiado* abstractos y les cuesta atenerse a las limitaciones terrenales; también podrían ser distantes, arrogantes e impersonales, a veces incluso rudos y fríos, sobre todo cuando alguien no es capaz de seguir el ritmo de sus ideas visionarias.

PRIMITIVO. Lo sabes *todo*. No hace falta que nadie más hable. Eres frío e indiferente con los otros porque únicamente son un engranaje en tu gran maquinaria de ideas. No es solo que seas un estirado y te muestres distante; es que, sinceramente, crees que los seres humanos son una pobre expresión de la creación.

ADAPTATIVO. Tu capacidad de despertar está al servicio de unir a la humanidad por un bien más elevado. Al ser consciente del panorama general permites a quienes te rodean que encuentren su lugar y se sientan acogidos e inspirados. Tu deslumbrante intuición es una ofrenda para que otros aprovechen lo que saben que es verdad y lo saquen a la luz a través de la expresión creativa.

EVOLUTIVO. Comprendes que has venido a este plano de existencia para tejer un tapiz con infinidad de colores. A tu alrededor, todo el mundo se sentirá impulsado a ver el brillo y los matices de cada ser humano. Te disuelves en el tejido de las distintas miradas iluminadas de los demás y ayudas a unir las piezas rotas de la humanidad, comprendiendo que cada franja de color es tan importante como el conjunto.

Sol en Piscis

Las personas con el Sol en Piscis tienden a tener una sensibilidad exquisita, a ser muy creativas y emocionalmente vulnerables. Están muy conectadas con el mundo de los sueños y con el reino oceánico, donde todo se funde en una sola consciencia. Debido a que pueden fusionarse tan fácilmente con los estados de ánimo ajenos, poseen increíbles dones de comprensión y empatía. En sus expresiones más imperfectas, quienes tienen el Sol en Piscis responden al dolor y a la intensidad de estar fuertemente unidos a la consciencia universal, de manera que caen en el pensamiento victimista, la adicción y el escapismo.

PRIMITIVO. En tu punto de menor capacidad como Sol en Piscis, tenderás a considerarte una víctima de los demás y de tus circunstancias. Piensas que todo en la vida sencillamente te sucede y que tú no tienes la menor responsabilidad, ni ningún poder. ¿Por qué no escapar y anestesiar el dolor? «Pásame la botella, pásame las pastillas». Te sumerges en la adicción y la evasión porque la realidad es demasiado dura y no merece la pena. Si eso no funciona, simplemente lloriqueas y pones malas caras para que los demás se sientan fatal.

ADAPTATIVO. Empiezas a reconocer cómo tu increíble sensibilidad puede actuar como un receptáculo para ampliar y hacer crecer tu imaginación creativa. Al pedir y recibir apoyo emocional y físico, te sientes capacitado para expresarte todo lo posible. Así puedes ayudar a otros a reconocer su fragilidad y ternura de manera que se transformen en puntos fuertes de su carácter. Aplicas a los demás tu ADN ancestral de delicadeza y bondad para ayudarlos a desarrollar la confianza en todo lo que hacen.

EVOLUTIVO. Eres una ola de consciencia que recuerda a todos que son chispas de la creación divina y colaboradores de la creatividad misma. En el vasto receptáculo de tu ser, se sienten claramente las mareas de la propia naturaleza indivisa de los demás y se teje la exquisita interacción entre las musas y sus creaciones.

Tom tiene su Sol en Piscis. Es, literalmente, un tejedor de sueños, ya que dirige talleres de sueños por todo el mundo. Con su Sol en Piscis, puede acceder de manera instantánea a una inmensa fuente de compasión.

Tiene la capacidad de vislumbrar las emociones más profundas y delicadas de las personas y de hacerles sentir, por primera vez, que todos sus sentimientos son aceptables. Tom ha construido una vida en torno a la creación de posibilidades para los sueños de los demás. Vive cerca del mar y en ese entorno experimenta un renacer constante nadando con sus amigos los tiburones y jugando con familias de delfines.

Prácticas para el Sol ....

Sumérgete

Basándote en la descripción de tu signo solar a nivel primitivo, escribe, sin autocensurarte, una lista de diez formas en las que operas en tu vida desde este nivel. Observa que esta utilización inferior de tu signo solar es una programación colectiva de la que, sin saberlo, formas parte.

Ahora, toma esos mismos diez comportamientos negativos y conviértelos en cinco cualidades que te gustaría desarrollar. Elabora una lista de palabras de poder y una pose poderosa para adoptar plenamente estas nuevas virtudes. Por ejemplo:

Sol en Aries: audaz, protector, pionero, considerado, tierno.

Ahora, haz una pose física que de alguna manera te transmita esto y lo haga notar a los demás. Hazte una foto en tu nueva pose y compártela con un amigo.

O:

Escribe una carta a tu niño interior que actúa de manera primitiva porque tus necesidades no fueron satisfechas. ¿Qué te gustaría decirle ahora? ¿Cómo lo cuidarías y amarías? ¿Cómo puedes ayudarlo para que abandone esa actitud primitiva y actúe de forma más madura?

Relaciónate

Piensa en dos episodios de tu vida en los que hayas usado tu energía del Sol de una manera que lamentas.

Escribe un resumen de esas dos historias y contémplalas desde una distancia objetiva. Esto te ayudará a ver qué partes heridas de ti llevaban las riendas.

A continuación, reúnete con un ser querido o un amigo. Coméntale lo que aprendes de ti mismo y de los demás cuando actúas desde un espacio del Sol poco desarrollado. Invítalo a hacer este mismo ejercicio para que sea un diálogo, no un monólogo.

Arriésgate

Escoge una de las frases de tu signo solar en estado evolutivo.

Comprométete a realizar un acto de creación que refleje la intención absoluta de esa expresión solar evolucionada.

Haz algo que demuestre tu compromiso con este punto evolutivo de tu Sol.

Escribe los resultados de esta acción y por qué es importante para la esencia de tu ser.

Reflexiona

Con el talismán visual de la raíz primaria o en un lugar de la naturaleza, dedica diez minutos a reflexionar sobre la vibración más elevada de la expresión de tu signo solar.

Pide que el planeta físico (el Sol) te guíe en tu maduración como ciudadano cósmico.

Al terminar, escribe un poema sobre los mensajes que has recibido. Te ofrezco un ejemplo que te ayudará a inspirarte y te animará a expresarte. Al hacer esta práctica de reflexión, esto es lo que me llegó a través de mi Sol en Acuario:

Nadie habla igual cuando está siendo verdaderamente él mismo.
Las palabras se forman de manera distinta en cada mente y boca.
Juegan en el aire con diferentes ritmos y tempos.
Nuestros mundos están creados a base de narraciones.
Una cadena de palabras influye en poblaciones enteras.
Hemos de liberarnos
unidos en el abrazo de la verdad
de cada uno.
No esperes a nadie para empezar a hablar.
Comparte tus esfuerzos torpes y temblorosos.
Nos fortaleceremos con la aparición de nuestras palabras.

Preguntas para el círculo de conversación

Reúnete con una o más personas que hayan leído este capítulo. Como grupo, escoged una ficha de conversación.* Pedid a cada uno que responda, por turno, a las siguientes preguntas, de una en una. Aseguraos de que no haya conversaciones cruzadas o paralelas; este es un momento para hablar sin distracciones ni

---

* N. de la A.: Por ficha de conversación se entiende un objeto que se utiliza para significar que quien lo posee puede hablar sin interrupción. Puede ser una piedra, un palo, un juego de cuentas o un cristal, o incluso un objeto menos significativo como un bolígrafo o un juguete de peluche. Mientras una persona del círculo tenga la ficha de conversación, es su turno para hablar; debe pasar esta ficha solo cuando haya terminado de responder a la pregunta.

interrupciones. Antes de empezar, estableced el acuerdo de mantener la confidencialidad de lo que se diga en el círculo, escuchar con atención, hablar con espontaneidad y tener en cuenta el tiempo para que todos cuenten con la oportunidad de responder a cada pregunta.

1. Nombra un momento en el que hayas mostrado la vibración primitiva más baja de tu signo solar. ¿Cómo te afectó? ¿Qué efecto tuvo sobre los demás?

2. Nombra una situación en la que hayas utilizado repetidamente los rasgos adaptativos de tu signo solar. ¿Qué resultados obtuviste?

3. Habla de lo que significaría para ti o para quienes te rodean ser capaz de mantener los rasgos del signo solar a nivel evolutivo, aunque sea una quinta parte del día.

4. Encárgate de que cada uno de los miembros del círculo vaya pasando por el «banquillo de los acusados» y haz que los demás, uno por uno, nombren cualidades que reflejen el brillo intrínseco de esa persona.

Vivo para sentir. Siento para vivir.

ANÓNIMO

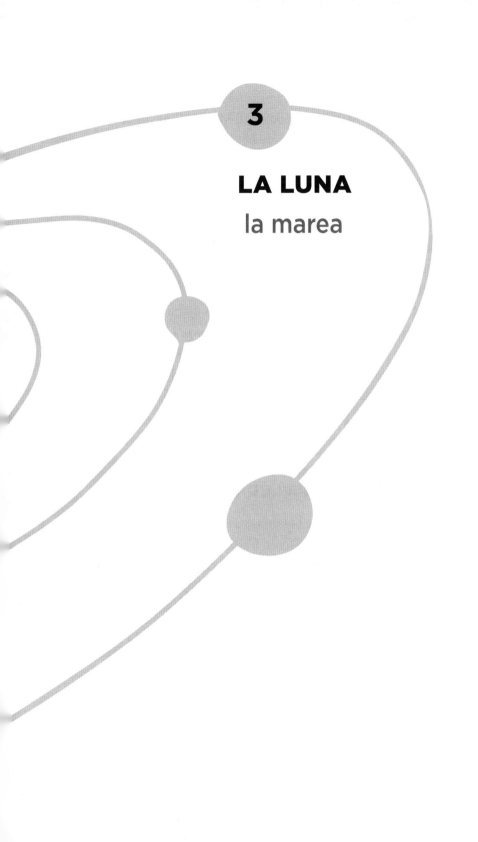

3

LA LUNA

la marea

La Luna representa nuestras necesidades emocionales irrenunciables y las formas en que nos organizamos para lograr la satisfacción emocional. Mientras que el Sol simboliza el «soy», la Luna representa el «necesito». Constituye la parte emocional, instintiva y receptiva del yo; el inconsciente; la parte del ser que amamanta y nutre a los demás. También transmite la naturaleza de la relación con nuestras madres.

Esta es quizá la parte más importante de la comprensión de la propia psique y de las verdaderas necesidades de quienes nos rodean. Cuando encarnamos plenamente el potencial de nuestra naturaleza lunar, podemos satisfacer rápida y eficazmente nuestras propias necesidades y servir a las de los demás estableciendo claramente los límites y haciendo gala de una gran empatía.

La cultura moderna ha dado prioridad a los logros externos solares, a menudo a expensas de la autenticidad emocional. El arquetipo de la Luna nos enseña que, sin fidelidad a nuestras necesidades más íntimas, no somos más que cáscaras decoradas: huecas y vacías.

EL MITO DE LA TRIPLE DIOSA

El mito tradicional de la Luna astrológica es el de la triple diosa: la Doncella, la Madre y la Bruja. Cada una de ellas simboliza una etapa distinta del ciclo vital femenino que corresponde a una fase lunar. Cada una gobierna uno de los reinos de la Tierra, el inframundo y los cielos, y recorre el ciclo vital de forma predecible.

Aunque esta representación resulta útil para entender en términos convencionales el ciclo vital de lo femenino, se queda corta a la hora de representar la experiencia no lineal del sentimiento. La Doncella arquetípica tiene una edad y una apariencia externa determinadas, lo mismo que la Madre y la Bruja, y cada arquetipo está asociado a sus propias expectativas sociales.

Al igual que la luz de la Luna en todas sus fases, somos cíclicos y, sin embargo, en la mitología emergente, damos un salto cuántico hacia la posibilidad carente de forma. A veces tenemos once años y nos sentimos como ancianos; otras veces tenemos sesenta y retozamos internamente como un niño. Cambiar la mitología en torno a la Luna astrológica nos permite volver a imaginarnos y reinventarnos a nosotros mismos sin las limitaciones de la edad o el tiempo.

LA MAREA

La naturaleza nos ofrece la metáfora perfecta de nuestro yo emocional en el glorioso cambio de las mareas. Las mareas bajan y suben mucho; en ocasiones sus cambios son casi imperceptibles, pero nunca dejan de producirse.

Para aprovechar al máximo nuestras capacidades lunares, tenemos que ser como la orilla: recibir las idas y venidas de las emociones como señales, no como resultados. Cuando aprendemos a navegar con las mareas, podemos disfrutar de la variedad y la perspectiva única que nos ofrece cada estado emocional. También nos damos cuenta de que no podemos controlar la aparición de las emociones y que hay belleza tanto en los extremos de la emoción como en la calma. Prestar atención a la continuidad de ciertos sentimientos nos permite conocer, desde dentro, lo que más nos importa.

Es imposible detener el movimiento de las mareas. Lo peor que podemos hacernos es tratar de bloquear el flujo y utilizar la razón para huir de un sentimiento profundo. Aunque podemos separar nuestro ser emocional de nuestras relaciones y acciones, al hacerlo, privamos al mundo de la plenitud de lo que somos y provocamos una enorme tensión interna. Las emociones nos transmiten información vital sobre cómo ser y qué hacer. Integrar esa información en nuestra vida diaria es más viable cuando conocemos y aceptamos nuestro yo emocional.

Los sentimientos requieren orillas en las que desembocar, resguardarse y ser apreciados. Cuando no sabemos canalizar la expresión de nuestras emociones, creamos inundaciones y tsunamis emocionales y, a veces, incluso sequías por la contención o el cierre. La vulnerabilidad es un gran poder; cultivar la capacidad de confiar y revelarnos a personas de confianza es fundamental para la salud emocional.

Cuando sabemos lo que sentimos y podemos compartir esos sentimientos con claridad (una habilidad que los psicólogos denominan *granularidad emocional*), nos relacionamos de forma responsable y eficaz. Expresar nuestras mareas emocionales no garantiza que se satisfagan nuestras necesidades en las relaciones porque esas necesidades son siempre una negociación entre nosotros y otros; sin embargo, cuando dejamos entrar y salir con naturalidad nuestras mareas emocionales, honramos nuestras necesidades emocionales. Al hacerlo, podemos hacer mucho para satisfacer esas necesidades en nosotros mismos, incluso cuando los demás en nuestra vida no las satisfagan.

LA LUNA EN LOS SIGNOS

Comprender la ubicación de nuestra Luna en los signos nos ayuda a sentirnos conectados con nuestra naturaleza esencial y con los ritmos superiores de la vida. Lo que aprendas en este capítulo te servirá para entender mejor tu propia naturaleza emocional interna y encontrar formas saludables y creativas de compartirla con los demás.

Con el fin de equilibrar la energía de tu signo lunar, a menudo resulta útil «trabajar» su opuesto. Mencionaré esta estrategia en la descripción de cada signo.

Luna en Aries

Quienes tienen este emplazamiento suelen ser emocionalmente expresivos. Quieren que los demás sepan cómo se sienten y manifiestan sus emociones de manera fuerte y clara. También quieren ser el centro de atención a nivel emocional en cualquier momento.

PRIMITIVO. El nivel primitivo de tu Luna en Aries dice a los demás que en realidad solo existen para reflejarte. «Bueno, ya está bien de hablar de ti; ¿te has dado cuenta de lo grande, fuerte, audaz y genial que soy?». Cuando estás irritado, triste, temeroso o feliz, o cualquier otra emoción que tengas, exiges que todos presten atención, y da igual quién resulte herido o anulado por tu tremenda expresividad. Pierdes el control fácilmente cuando te enfadas. Quien se oponga a lo que te dictan tus emociones no es más que un estorbo; debería apartarse y dejarte seguir siendo el centro del universo.

Lo importante es que *tú* consigas satisfacer *tus* necesidades emocionales; una vez que eso ocurra, *quizás* permitas a los demás que tengan sus propias necesidades y las expresen, pero muy pronto todo el mundo tendrá que volver a ocuparse de las *tuyas*.

ADAPTATIVO. Cuando canalizas mejor tu Luna en Aries, ejerces tu derecho a expresarte de manera clara, segura y directa. Y aprendes a aceptar un «no» con madurez. En lugar de quejarte de todo lo que te desagrada, te atreves a pedir tranquilamente lo necesario para cambiar la situación.

Emprendes un programa de ejercicio diario y vigoroso que te ayuda a dominar tu carácter explosivo. Te esfuerzas por aprender formas apropiadas de expresar la ira que no le hagan daño a nadie, incluido tú mismo. Empiezas a considerar las necesidades de los otros, además de las tuyas, y a respetar sus opiniones y sensibilidades. La parte de ti a la que le gusta sermonear deja paso a la que está dispuesta a escuchar.

Lo opuesto a la energía de Aries en la carta astral es Libra, que busca la armonía y la belleza. La manera de equilibrar una Luna en Aries es organizar y embellecer los espacios en los que vives y trabajas, y, al mismo tiempo, esforzarte conscientemente por valorar los sentimientos y pensamientos ajenos tanto como los tuyos propios.

EVOLUTIVO. En tu expresión más elevada de la Luna en Aries, aprecias la ternura como un sello distintivo del valor. Defiendes a los demás expresando tu apoyo emocional tan a menudo y de una forma tan elegante como sea posible. Cuidas tu cuerpo al máximo y utilizas tu considerable energía emocional para guiar a otros a desarrollar su propia confianza. A través de prácticas disciplinadas de autoconsciencia, calma y equilibrio, aprendes a escuchar con curiosidad y humildad los comentarios que te hacen los demás. En cualquier intercambio con otra persona, deseas conectar sinceramente para saber lo que de verdad siente y tratar de comprender.

Luna en Tauro

Las personas con la Luna en Tauro tienen el potencial de ser emocionalmente firmes y fiables. Son sensuales y afectuosas; les encanta abrazar y sentirse rodeadas de belleza terrenal. Si sienten que algo amenaza su profunda necesidad de seguridad física y material, puede desatarse el lado acaparador y obstinado de la Luna en Tauro.

PRIMITIVO. No quieres desprenderte de nada. Te agarrarás con fuerza a lo que tienes hasta que te sangren los dedos. Atascado, incapaz de ceder, te dominan la avaricia y la necesidad de tener cada vez más. Para ti, ser mezquino es una virtud. Te atiborras de placeres, sintiéndote justamente merecedor de ellos, pero nunca son suficientes, y jamás quieres compartirlos. Te encanta que te toquen y te abracen; y, sin embargo, siempre que puedes, les echas en cara a los demás precisamente eso: que te toquen. Por debajo de tu dependencia emocional hay un miedo constante al abandono y al rechazo.

ADAPTATIVO. Utilizas tu yo emocional robusto y fiable para sostener a otros cuando se sienten extraviados o estancados. Sientes el placer de ser la roca en la que os apoyáis tú y quienes te rodean para encontrar la paz y la ecuanimidad. En los momentos de caos, no pierdes tu centro y descubres que también puedes ayudar a otros a centrarse. Lo haces todo con moderación y te encuentras totalmente satisfecho. Tu cuerpo es tu templo y te sientes sensualmente en contacto contigo mismo y con la naturaleza.

Lo opuesto a la energía de Tauro en la carta astral es Escorpio. A medida que te apoyas en la energía de la profundidad y la transformación, puedes arriesgarte más en tus relaciones o sumergirte en proyectos creativos, cualquier cosa que te saque de tu zona de confort y te lleve a nuevas formas de pensar y de ser.

EVOLUTIVO. En esta etapa, trabajas para dejar de preocuparte sobre la seguridad material y sentir gratitud por todo lo que tienes. Empleas estrategias que te permiten cuidar maravillosamente de ti mismo y de tus posesiones. Sabes que eres un soporte sólido para las necesidades emocionales de los demás. Utilizas tus excepcionales habilidades de sintonía sensual para ayudar a la gente a entrar en contacto con la belleza y la majestuosidad de su cuerpo independientemente de su forma o tamaño. Tienes una gran generosidad porque conoces la naturaleza temporal de todas las cosas. También sabes que tu felicidad más absoluta consiste en compartir todo lo que puedas con los demás.

En sus primeros años de vida, el adolescente Brett, con la Luna en Tauro, tenía fama de terco. Cuando se empeñaba en algo, se le metía en la cabeza conseguirlo y no había manera de hacerle cambiar de opinión.

Nunca se enfadaba con nadie; tampoco gritaba ni tenía ningún tipo de arrebato emocional. De hecho, su madre apenas recuerda que, tras dejar atrás la fase de niño pequeño, llorara o gritara por alguna emoción. En cambio, lo que sí hacía cuando se obstinaba en conseguir algo era cerrarse en banda. Se sonrojaba intensamente y su terca determinación se reflejaba en su rostro y en su cuerpo.

Su hermana mayor cuenta que una vez Brett quiso entrar en su habitación para estar con ella y su amiga. Cuando se negó, él se sentó junto a su puerta, vació en el suelo del pasillo el enorme bote de monedas de la familia y se puso a contar la calderilla en voz alta durante más de una hora. Este tipo de resistencia y perseverancia fue en su día una de las estrategias con las que Brett trató de satisfacer sus necesidades emocionales.

Con el tiempo, y gracias a la madurez y al apoyo recibido, empezó a adoptar otra actitud al darse cuenta de que lo único que conseguía era que la gente lo evitara, en lugar de acercarse. Y lo que él más quería era estar cerca de los demás y sentirse a gusto en su compañía. Despertó la energía de Escorpio en su carta al unirse a un grupo extraescolar en el que podía hablar de sus sentimientos en un espacio seguro y en el que se atrevió a cantar en público y salir así de los límites dentro de los cuales se sentía a salvo. Además, alimentó el lado terrenal y materialista de la Luna en Tauro dedicándose a otras actividades artísticas; se le daban especialmente bien el origami y los aviones de papel. Con el característico estilo terrenal de Tauro, empezó también a elaborar esferas de tierra hermosas y compactas (un tipo de arte japonés llamado *doro-dango*), y se pasaba horas tamizando la arena y luego comprimiéndola y puliéndola hasta convertirla en una esfera brillante del tamaño de una bola de billar.

Cuando empezó a prestar atención a sus propios sentimientos y a sumergirse en la autoexploración, los demás comenzaron a interesarse por él. De lo que antes parecía un apagón emocional, surgió una estabilidad, una calma y una serenidad que atraían a la gente y hacían que todos quisieran estar a su lado.

Luna en Géminis

A quienes tienen la Luna en Géminis les encanta hablar y sumergirse en el mundo del pensamiento y el poder de la mente. Se alimentan emocionalmente de la conversación y del poder de las palabras y las ideas. Tienen una acusada tendencia a enamorarse de Internet y a utilizar su infinito reino de ideas como distracción de las necesidades insatisfechas en torno a los sentimientos. En su expresión más primitiva, pueden ser dispersos y distraídos y parecer fríos; sustituyen la calidez de la conectividad emocional por palabras, palabras y más palabras: abstracciones que los alejan del auténtico sentimiento de conexión.

PRIMITIVO. Perdido en tus pensamientos dispersos, hablas incesantemente sin conectar. Te mantienes distante para no sentir nada y utilizas las palabras como armas.

ADAPTATIVO. Comunicas tus verdaderas necesidades con paciencia y claridad. Cultivas tu capacidad de escucha para poder asimilar los puntos de vista ajenos y empiezas a sentirte deseoso de responder a las necesidades de los demás. Eres capaz de centrar tus pensamientos y transmitirlos con aplomo y empatía.

Comienzas a volverte más receptivo a la hora de conocer a la gente a fondo, y entras de lleno en relaciones importantes o emprendes nuevos proyectos que te abren las puertas de un nuevo territorio emocional. Para equilibrar la energía de este emplazamiento, puedes inclinarte por el opuesto ardiente, aventurero y audaz de Géminis, Sagitario, y salir de los patrones aéreos de pensamiento y abstracción para pasar a la acción física y al riesgo.

EVOLUTIVO. Logras utilizar tu capacidad de ser objetivo y reflexivo sobre las emociones para proporcionar apoyo y perspectiva a los demás. Eres capaz de vincular tus necesidades con el bien más elevado y de hablar de forma elocuente sobre todos los posibles resultados positivos en cualquier conflicto.

Luna en Cáncer

Lo que más llena a nivel emocional a las personas con la Luna en Cáncer es atender y cuidar a otros y ser atendidos con ternura y total aceptación. Tienen un increíble instinto maternal y empatizan con facilidad. Cuando no se satisface su necesidad de atención y cariño, se vuelven dependientes o actúan agresivamente por la frustración que sienten. Quienes tienen la Luna en Cáncer pueden sufrir reactividad emocional y sentirse fácilmente desbordados por sus sentimientos.

Según la sabiduría astrológica, dado que Cáncer está regido por la Luna, esta ubicación puede intensificar el enfoque de las emociones tanto del planeta como del signo, combinando dos energías que empujan en la misma dirección en lugar de equilibrarse.

PRIMITIVO. En su estado más inmaduro y primitivo, tu Luna en Cáncer protesta contra todo lo que no sea seguir siendo un bebé en los brazos de mami; quieres pasarte la vida entera así, amamantándote feliz de su generoso y nutritivo pecho. Preferirías no tener que cuidar de ti mismo. Cuando los demás esperan que lo hagas, les demuestras enseguida que, si lloriquear fuera un deporte, contigo alcanzaría la categoría olímpica.

Te gusta consolar y mimar a los demás, pero si te hacen algún tipo de daño, les retiras tu atención con la misma rapidez que un bromista le retira una silla al que va a sentarse en ella. ¡Pam! ¡Cuánto lo siento! Deberían saber que no hay que ignorarte ni hacerte enojar.

ADAPTATIVO. Decides prestar más atención a cuidarte y empiezas a cuidar a los demás desde un estado de plenitud. Tu vulnerabilidad se convierte en una fuente de fortaleza y te motiva a desarrollar tus recursos internos y tu confianza emocional. Conoces todos tus sentimientos y encuentras la forma adecuada de expresarlos.

Exploras las energías del opuesto de Cáncer, Capricornio, con su sentido del orden, la estructura, la solidez y la fiabilidad. Tal vez, en el caso de que seas padre, elabores para tus hijos un gráfico con conductas y tareas, y le añadas pegatinas de recompensa; podría ser que, si tienes una relación de pareja, establezcas una forma estructurada de exponer las necesidades de cada uno, revisarlas y planificar la forma de satisfacerlas; o quizás te vuelvas más disciplinado, en general, a la hora de cuidar de los demás y de ti mismo.

EVOLUTIVO. A través de un autocuidado fruto de la iluminación, alcanzas alturas divinas en las que canalizas la energía de la Madre universal hacia quienes te rodean. Tu generosidad desinteresada ayuda a todos a sentirse cuidados y seguros. A diario, sientes el impulso de ocuparte del dolor ajeno de una forma estructurada y amorosa.

La Luna en Cáncer de Yasmin la hace sentir como si flotara a la deriva en un mar de sentimientos, expuesta a ser arrastrada por cualquier oleada. Tiene muchísimo amor en su interior y un gran deseo de emplearlo en cuidar al prójimo, pero cuando se acerca a alguien, teme abrumarlo con todos sus cuidados y su atención. Y este miedo está justificado, ya que viene de repetidas experiencias de gente que ha salido de su vida porque no podía soportar su extraordinaria capacidad para cuidar a los demás. Su miedo a *excederse* en las relaciones se ha hecho realidad más de una vez, y esto la ha llevado a una dolorosa caída en picado en cada una de esas experiencias.

Decidió pasar al menos un año entero sin buscar pareja (lo que requirió una gran fuerza de voluntad, ya que también sentía el anhelo de la Luna en Cáncer de ser madre). Dirigió hacia sí misma su extraordinaria capacidad de dar cariño y se dedicó a satisfacer sus propias necesidades emocionales. La verdad es que sentía una intensa soledad y anhelo, pero tuvo la disciplina de mantenerse fiel a su propósito de seguir sin pareja.

Cuando por fin estuvo preparada, apareció la persona adecuada, una que estaba dispuesta a apoyarla en sus tambaleantes primeros pasos para volver a relacionarse con la nueva consciencia de sí misma; alguien que no se asustaba fácilmente cuando volvía a caer en su viejo estado primitivo (lo que le permitía corregir el rumbo y volver a actuar desde niveles adaptativos o evolutivos).

Luna en Leo

Las personas con la Luna en Leo se nutren profundamente de las grandes emociones. Tienden a ser apasionadas, expresivas, infantiles y con el corazón abierto, y transmiten con facilidad sus emociones a través de las artes creativas. Cuando no pueden alimentar su necesidad de expresión emotiva o si los demás no parecen apreciar lo suficiente sus fuegos artificiales emocionales, pueden volverse ávidos de atención y adictos al drama.

PRIMITIVO. Si tu Luna en Leo se manifiesta en su forma más primitiva, insistes en que los demás te adoren y te veneren, a pesar de tu dificultad para asimilar de verdad ese amor. No importa cuánta adoración recibas, quieres más, y más a menudo. Eres infantil y te niegas a crecer, y esperas que quienes te aman se enamoren también de tu dramatismo.

ADAPTATIVO. Empiezas a permitir que tu corazón abierto proyecte su extraordinario fulgor sobre los demás. La gente se siente encantada en tu compañía porque generas asombro y diversión. Siempre que puedes, te apoyas en el opuesto de Leo, Acuario, para compartir tus dones de poderosa emotividad y expresividad con tu comunidad. Al mismo tiempo, eres un faro de amor que convierte la colaboración, la cooperación y el cambio social idealista en algo irresistiblemente interesante y emocionante.

EVOLUTIVO. Adondequiera que vayas, tu amor supremo por expresarte con sinceridad es contagioso y estimulante. Cuando te encuentras con personas que se sienten poco queridas, haces brillar sobre su esencia tu enorme luz para reafirmar que son expresiones únicas, dignas de amor.

Luna en Virgo

Las personas con la Luna en Virgo se nutren emocionalmente del servicio. En la iteración evolutiva, este emplazamiento es beneficioso para todos, porque, por un lado, satisface al yo, mientras que por el otro apoya a la comunidad. Buscar la fusión de la mente, el cuerpo y el espíritu es, junto con el esfuerzo y el apoyo a los demás, lo que hace crecer a quienes tienen la Luna en Virgo.

En su fase más primitiva, la necesidad perfeccionista de categorizar y organizar puede sumir a la Luna en Virgo en un estado de autocrítica. Este estado puede traducirse fácilmente en una proyección de su perfeccionismo en los demás.

PRIMITIVO. Tu Luna en Virgo te lleva a una autocrítica desgarradora, donde puedes ver defectos en cada parte de ti mismo. Agobiado por detalles que te sientes incapaz de manejar, rechazas cualquier intento de los demás por sacarte de tu depresión. Preferirías que ni lo intentaran. No puedes perdonar tu ineptitud. Eres como un gato que araña para salir de un enredo de mantas, y a cualquiera que se meta ahí contigo lo lastimarás sin piedad. No pasa nada, ya que prefieres sufrir solo.

ADAPTATIVO. Empiezas a sentir la satisfacción de servir a las necesidades ajenas, aun cuando no te sientas del todo bien contigo mismo. Te has dado cuenta de que puedes restablecer tu propio bienestar emocional mirando a tu alrededor para ver qué necesitan los demás, y te vuelves experto en encontrar formas de ser útil. Ofreces generosamente tu cuidadosa comprensión y eres capaz de estar ahí para escuchar a cualquiera que necesite hablar de los aspectos más íntimos de su vida emocional, incluido tú, claro.

El opuesto de Virgo, Piscis, se ocupa tanto de disolver los vínculos como de formarlos. Podrías convocar esa energía a través de una práctica espiritual que te ayude a sentir la unidad de todo. Un nuevo programa de ejercicios que incluya la natación podría tener un efecto nivelador parecido.

EVOLUTIVO. Tu elevada consideración y tu orientación específica hacia el servicio pueden ayudar a cualquiera a expresar sus emociones de una manera más inteligente y eficaz. Te esfuerzas por transformar las charlas sobre nimiedades en conversaciones valiosas, utilizando pequeñas perlas de sabiduría para confeccionar un hermoso collar.

Luna en Libra

Las personas con la Luna en Libra se alimentan emocionalmente de las relaciones y de la belleza y la armonía. Sienten que se expresan mejor cuando conectan con otros, normalmente a través de la conversación; se encuentran especialmente satisfechas a nivel emocional al crear armonía en las relaciones o resolver las diferencias. Teniendo en cuenta estas necesidades y deseos, no es de extrañar que quienes tienen la Luna en Libra se sientan a menudo atraídos por la psicoterapia como carrera. Una preocupación excesiva por lucir un buen aspecto físico y resultar atractivo a los demás puede ser una de las desventajas de tener la Luna en Libra. Las personas con este posicionamiento también pueden sentirse perdidas o sin valor cuando las demás no se fijan en ellas.

PRIMITIVO. Cuando tu Luna en Libra es inmadura e inexperta, careces de un núcleo central sin la atención del otro. Si este no está contento, sientes que no vales nada. Sin él, estás perdido, y no puedes soportar que te ignore. Solo puedes sentir tu valor por medio de tu presentación exterior. Si no tienes un buen aspecto, no eres digno de ser amado y te sientes avergonzado de ti mismo.

ADAPTATIVO. Eres capaz de ver todas las caras de cualquier situación, lo que te convierte en un fabuloso mediador. Te encuentras en un estado de equilibrio emocional, armonía y belleza, y procuras mantener la balanza de las emociones lo más equilibrada posible. Escuchas y descubres los dones de las personas.

Aprovechar las cualidades del opuesto de Libra, Aries, en tu vida emocional te ayuda a energizar tus facetas más egoístas, y en tu situación, eso es algo bueno. Necesitas esa energía de empuje hacia delante para evitar la inercia y centrarte en las apariencias que pueden socavar tu bienestar emocional. La actividad física vigorosa ayuda a equilibrar una Luna en Libra, al igual que tener estrategias y apoyo para desbloquearse cuando resulta complicado tomar decisiones.

EVOLUTIVO. Tu radiante templanza es un faro que invita a la gente a sentir su propia entereza emocional. Cuando alguien está contigo, se siente automáticamente transportado a un nivel de reciprocidad. Te permites ser exquisito sin necesidad de artificios.

Con su Luna en Libra, Rachel se ha sentido a veces perdida cuando no logra causar un impacto positivo en los demás. En esos momentos, lucha con un sentimiento de impotencia cuando ve que otros actúan de una manera que considera incorrecta y que luego no escuchan sus consejos para mejorar.

Con el tiempo, ha aprendido a soportar este malestar y a ser un ejemplo de ecuanimidad emocional por derecho propio. Sigue sintiendo a menudo el aguijón de la injusticia, pero decide no actuar en consecuencia, sino que resuelve ese malestar centrándose en la mejora personal y la acción.

Luna en Escorpio

Las personas con la Luna en Escorpio tienden a ser reservadas, introvertidas y emocionalmente profundas e intensas. Su yo sentimental necesita conexiones y estados de ánimo extremos para sentirse satisfecho. En aquellos aspectos en los que no reconocen su sombra, son incapaces de satisfacer sus necesidades emocionales. Hay una enorme energía almacenada en este emplazamiento; cuando no se canaliza con habilidad, puede explotar en forma de odio a sí mismo y en la convicción de ser, irremediablemente, un inadaptado.

PRIMITIVO. En su momento más desafortunado, tu Luna en Escorpio inventa historias sobre tu carácter despreciable, indigno y negativo. Te odias, y a veces crees que hay algo terriblemente malo en ti, incluso que mereces morir. Sientes tu propia fuerza impetuosa como una espada en el corazón. Tienes ganas de gritarles a los demás que se mantengan alejados; eres tóxico y no debes dejar que nadie se acerque lo suficiente para sufrir las consecuencias de estar expuesto a tu veneno. En todas partes ves evidencias de que no mereces que te quieran, pero aun así sigues sintiendo que lo apropiado en estos casos es vengarte de quienes te han despreciado.

ADAPTATIVO. Empiezas a aprender a transmutar rápidamente las emociones oscuras, convirtiéndolas en motivaciones de autoafirmación. Ayudas a otros a sobreponerse a sus sentimientos más negativos y a sentirse queridos y aceptados. Puedes apegarte apasionadamente a los demás, sabiendo que todo amor termina un día con la muerte. Aceptas esto como una razón para estar aún más presente en tus conexiones emocionales con el prójimo.

Para equilibrar tu vehemencia, exploras las energías opuestas de Tauro, con su sensualidad calmante, anclada, terrenal y cariñosa. Tal vez te dediques a la jardinería o al embellecimiento del hogar o busques a un maravilloso terapeuta corporal que te ayude a mover las energías intensas a través de tu cuerpo para liberar las tensiones de esta ubicación. O quizás quedes con frecuencia con tu pareja para hacer lentamente el amor con toda la pasión y la serenidad del mundo, apelando a la profunda sensualidad de las energías de Escorpio a través de una forma de ser mucho más sosegada que también te asegure que te cuidan, te adoran y te aceptan tal y como eres.

EVOLUTIVO. Empleas tu extraordinaria profundidad para acoger a los demás con toda su gama de sentimientos y enseñarles a transformar los estados difíciles en fortalezas y posibilidades creativas. No tienes miedo de enfrentarte a tu propia sombra. Te has dado cuenta de que tienes un don para ayudar a la sociedad en el trabajo de las proyecciones negativas y para enseñar a los demás a salir de ellas con una determinación renovada y una invaluable resistencia emocional. Te encanta hacerles saber lo mucho que te importan, y compartes con ellos tus ideas y apreciaciones de forma creativa y extraordinariamente clara y honesta.

Alexandra tiene su Luna en Escorpio. Se casó joven con Edward, un hombre mayor, dominante, poderoso, creativo y sexy. Con él, se sentía segura y protegida. Sabía que había encontrado un gran padre para sus hijos. En su familia de origen, las emociones intensas no eran aceptables, excepto en la forma de estallidos alcohólicos totalmente inapropiados de ira. Aprendió a ocultar sus sentimientos en lo más profundo de su ser y a encubrirlos con una personalidad muy complaciente.

Edward era un compañero franco y expresivo que también tenía problemas para controlar la ira, pero a ella eso le parecía lo más normal del mundo. Tuvieron dos hermosos hijos, y Alexandra se dedicó de lleno a vivir para ellos y para su pasión por la horticultura y la homeopatía. Durante el transcurso de diez años, Alexandra se sentía cada vez más infeliz en el matrimonio, ya que Edward parecía volverse cada día más temperamental. Finalmente, decidieron separarse y mantener a los hijos como su principal foco de atención conjunto a través de una crianza amorosa. Alexandra conoció entonces a Shawn, el amor de su vida. Este hombre estaba dispuesto a entender y expresar sus emociones. Comprendió la reticencia de Alexandra a compartir su vida interior. Gracias a su íntimo e intenso noviazgo, ella aprendió un nuevo lenguaje amoroso. Empezó a sentir todos los sentimientos que no había sentido en su vida y a confesarle a Shawn sus miedos y vulnerabilidades. Ya no huía de su lado oscuro, sino que compartía con entusiasmo sus descubrimientos con su amor. También se dio cuenta, con pesar, de lo mucho que le había pedido a Edward que cargara con su lado oscuro. Ahora entendía que, para amar de verdad, uno debe estar dispuesto a arriesgarse a la vulnerabilidad que conduce a una conexión genuina.

Luna en Sagitario

Las personas con la Luna en Sagitario necesitan la aventura, el aprendizaje superior y estar en movimiento para sentirse emocionalmente satisfechas. Se sienten alimentadas en el plano afectivo cuando enseñan o guían a otros. Quieren experimentar lo divino y disfrutan sumergiéndose en estudios o conversaciones religiosos o filosóficos. Les encantan las nuevas experiencias y las ideas que amplían la mente; se les da de maravilla contar historias entretenidas y hacer reír a los demás.

En un nivel primitivo, los nativos de la Luna en Sagitario son incapaces de conectar con los demás a un nivel profundo. Se alimentan más de la amplitud de la experiencia que de la intimidad de la relación. Si no encuentran satisfacción para sus aspiraciones y conocimientos, pueden huir razonando que en esa relación no se los quiere en lugar de quedarse y luchar por llegar a conectar. Es posible que sientan miedo de que los retengan quienes no están dispuestos a buscar y arriesgarse como hacen ellos, y a veces son duros con los demás si temen el rechazo.

PRIMITIVO. Sientes el deseo de escapar de todos los apegos emocionales, porque podrías asfixiarte. Vives con miedo a conectar porque no crees que nadie pueda amarte tal y como eres. Cuando dudas del afecto de alguien, sales corriendo y te alejas rápidamente. Puedes decir cosas muy crueles si te sientes acorralado.

ADAPTATIVO. Aprendes a liberar a la gente con la risa y el humor exuberante que brotan espontáneamente de ti. Ves el significado de todo y no das nada por sentado. La gente acude a ti para escuchar la verdad expresada de una forma reflexiva.

Géminis, la energía opuesta a Sagitario, insufla espacio y luz a los ardientes estados de ánimo de la Luna en Sagitario. Podrías encontrar el equilibrio si te alejas del enfoque singular de Sagitario para expandir tu búsqueda de aprendizaje en mente, cuerpo y espíritu.

EVOLUTIVO. La alegría anula todos los demás sentimientos: la dicha de ser un ser humano libre que ve la copa llena, siempre llena. Quienes te rodean sienten tu increíble energía expansiva.

Luna en Capricornio

Las personas con la Luna en Capricornio necesitan sentir que todo está bajo control. La previsibilidad, la estructura y el cumplimiento de las responsabilidades satisfacen sus necesidades emocionales. Este punto de vista se extiende a la forma en que se presentan ante los demás, incluidos sus atuendos cuidadosamente examinados y bien pensados y la decoración de sus hogares. Las dificultades de este emplazamiento incluyen un ansia de culminación y organización que nunca se satisface, lo que conduce a la inquietud y la distracción, con la consiguiente imposibilidad de relajarse y disfrutar de la vida tal y como es. También hay un exceso de atención e identificación con las apariencias y una necesidad desesperada de validación y aprobación externas. Los sentimientos profundos pueden ser muy difíciles para las personas con la Luna en Capricornio.

PRIMITIVO. Vives para que te alaben, pero nunca eres lo bastante bueno. Te comparas con otros sin cesar y crees que nunca tendrás lo suficiente para estar contento. Eres frío con los demás si no demuestran que te aprueban a ti y todas tus decisiones. Vives en una burbuja emocionalmente estéril para evitar posibles decepciones.

ADAPTATIVO. Te encargas de gestionar las emociones. Lo sientes todo intensamente y les haces saber a los demás que los necesitas. Contigo, la gente sabe que sus mejores cualidades reciben un gran reconocimiento. Te muestras responsable y receptivo en conversaciones maduras en las que se tiene en cuenta el interés de ambas partes.

Frente a Capricornio en el mandala astrológico se encuentra el acuoso y profundo sentimiento de Cáncer. Uno de los pasos para equilibrar la energía de la Luna en Capricornio podría consistir en dedicar cada día un tiempo a conectar conscientemente con los sentimientos. Una persona con Luna en Capricornio que conozco empezaba el día con lo que denominaba «lágrimas matutinas». Es decir, navegaba por Internet hasta encontrar un video que la hiciera llorar de alegría, tristeza u cualquier otra emoción profunda. Un trabajo focalizado en la intimidad con un terapeuta o un guía de confianza o la lectura de cualquiera de los maravillosos libros de Brené Brown sobre la vulnerabilidad podrían ayudar a romper el alejamiento natural de esta ubicación de la Luna.

EVOLUTIVO. Se puede contar contigo para liderar cualquier conversación emocional transformadora sobre la valentía ética y moral. Otros se sienten tan valorados por ti que se abren y aprenden grandes lecciones de vida en tu presencia.

Luna en Acuario

Los individuos con la Luna en Acuario se alimentan más emocionalmente a través de actividades comunitarias: diferentes tipos de reuniones con mucha gente (ya sea virtualmente o en persona) y conversaciones sobre ideas y planes visionarios. Se sienten a gusto abarcando las múltiples facetas de la existencia en su conjunto y les satisface comprobar que todo el mundo está atendido sin olvidar a nadie. Sin embargo, para alguien con la Luna en Acuario, dejarse llevar por los sentimientos puede ser un reto; cuando está inmersa en esa situación, ya no es capaz de ver el panorama general, y eso le resulta desorientador y aterrador a este emplazamiento lunar.

PRIMITIVO. En un estado inadecuado de la Luna en Acuario te muestras insensible. No tienes sentimientos. Eres todo trivialidades y racionalizaciones. Te consideras mejor que nadie, así que ¿por qué ibas a molestarte en lidiar con las emociones bajas? Te dedicas a vivir en el futuro y a concentrarte en el panorama general y, como es lógico, esto te libra de tener que reconocer que podrías ser menos importante de lo que crees.

ADAPTATIVO. Eres un amigo de confianza, solidario y maravilloso que ve y ama a los demás tal y como son. Contigo, la gente siente como si todos los elementos que componen su ser estuvieran integrados formando un todo adorable. Cuando están en tu presencia, sienten que la vida se abre de par en par, como un cielo azul infinito.

Trabajar con la energía opuesta a Acuario, Leo, significa cultivar el sentido lúdico, la alegría y el estar en contacto directo con la vida, en lugar de vivir en una nebulosa de ideas. A quienes tienen la Luna en Acuario les conviene el ejercicio físico intenso o cualquier forma de arte creativo expresivo. Una conexión individual profunda los ayudará a contrarrestar el difuso enfoque comunitario de la Luna en Acuario.

EVOLUTIVO. Brindas un espacio emocional lo suficientemente amplio como para que la gente se sienta admitida y valorada con todas sus peculiaridades. La sensación de aceptación que proporcionas a los demás los sana de raíz y los ayuda a ser más compasivos. Quienes te rodean brillan en un plano de igualdad.

Anthony Bourdain, el famoso chef y autor que se suicidó en 2018, tenía su Luna en Acuario. Lo traigo aquí no para advertir a las personas con Luna en Acuario sobre el riesgo de suicidio –la elección de quitarse la vida nunca tiene que ver con un solo factor de la carta astral–, sino porque considero que él es un gran ejemplo de la maestría en esta ubicación planetaria.

Pese a que Bourdain parecía un misántropo grosero, cualquiera que leyera sus libros o viera sus programas de televisión se daría cuenta de lo mucho que disfrutaba de la vida y de que amaba a la gente y quería lo mejor para todos y para el mundo. Era un pensador visionario y un comunicador brillante. Sus escritos se adentraban en un terreno profundamente personal con el fin de alentar a la sociedad a despertar y mejorar así la situación del mayor número posible de seres humanos. Por eso se pronunció en defensa de las mujeres que participaban en el movimiento #MeToo y de los inmigrantes que realizan la mayor parte del trabajo en los restaurantes de Estados Unidos.

Luna en Piscis

La persona con la Luna en Piscis nada en un mar de sentimientos que une este mundo con el otro. No es nada raro que quienes tienen esta posición de la Luna posean capacidades extrasensoriales. Necesitan sentir la unidad de todo, una unidad que es un sueño y no una pesadilla. Cuando se manifiesta de forma inadecuada, el individuo con este emplazamiento se encuentra desbordado por las emociones y es incapaz de actuar; se siente víctima de la gente y de las circunstancias. A veces, la única manera de manejar estos sentimientos es consumir drogas o alcohol o desconectarse por completo.

PRIMITIVO. No paras de llorar y moquear. Eres incapaz de actuar porque te ahogan los sentimientos. Los demás siempre te hacen daño, y todo el mundo la tiene tomada contigo. Nadie te entiende, y no eres capaz de darte un respiro en la vida. No puedes soportarlo. Quieres que alguien te saque de aquí.

ADAPTATIVO. A medida que te vas dando cuenta de que tienes el don de percibir lo que sienten los demás, comprendes que se trata de una facultad asombrosa que puede curar. Cultivas tu capacidad de llegar a los estados de ánimo de otros, tu empatía va directamente al centro de su ser y reconforta sus ánimos. Al practicar el arte del cuidado y la escucha, ayudas a los demás a sentir su propio dolor y dejarlo ir. Desarrollas tu elocuencia y tus facultades comunicativas para ampliar tu expresión de los sentimientos. Frente a Piscis en el mandala astrológico está el signo de Virgo. Piscis borra los límites; Virgo traza las líneas divisorias. Al emplear la exactitud de Virgo para contrarrestar la difusa Luna en Piscis, aprendes a ser más reservado y, al mismo tiempo, a dejar espacio a los demás. También descubres cómo facilitar las conversaciones sobre los sentimientos, perfeccionar tus posibles habilidades psíquicas y expresar lo que sientes a través del arte, tal vez por medio de una actividad tan estructurada como la de tejer o la de trabajar la madera o quizá mediante el rigor terrenal de una técnica de danza específica.

EVOLUTIVO. Tu extraordinaria sensibilidad emocional permite expresarse con pleno sentimiento y confianza. Puedes ser un vehículo para comunicar intensamente, lo que podría llevar a grandes avances y revelaciones. Tu conexión con el inconsciente colectivo y los reinos psíquicos ayuda a los demás a crear posibilidades mágicas.

Prácticas para la Luna ....

Sumérgete

Dibuja dos círculos en un folio. En uno de ellos, nombra todas las emociones que te sientes a gusto expresando. En el otro círculo, apunta las emociones que por la razón que sea te cuesta compartir con los demás.

Ahora, describe qué es lo que te ayudaría a empezar a manifestar y compartir *todas* estas emociones. ¿Qué te impide expresarlas? ¿Cuál de ellas te resulta tan difícil de comunicar que necesitas ayuda para hacerlo? ¿Qué sería lo mejor que podría ocurrirte al investigar la gama de emociones que hay en ti? ¿Qué ideas saboteadoras sobre los sentimientos y las emociones arrastras contigo que te impiden expresarlos plenamente?

Relaciónate

Ponte en contacto con un buen amigo, explícale tu «adiestramiento» emocional y pídele que te hable del suyo. ¿Quién te enseñó a sentir? ¿Qué se consideraba aceptable? ¿Qué era inaceptable? ¿Sigues acatando esas reglas ahora? ¿Cuáles son los cuatro recuerdos emocionales más intensos de tu vida? ¿A qué se debe esa intensidad? ¿Qué había de funcional o disfuncional en esos recuerdos? ¿Qué necesitas para confiar plenamente en que podrás expresar todos tus sentimientos con seguridad y madurez?

O bien:

Invita a tus amigos a ver *Inside Out* (Del revés), una película de Pixar muy entretenida que refleja maravillosamente la complejidad de la vida emocional de los seres humanos. Pídele a cada uno que hable de las emociones con las que más se identifica. ¿Qué sentimientos suele tener a «flor de piel»? ¿En qué medida se siente capaz de expresar todo lo que siente?

Arriésgate

Piensa en alguien de tu vida a quien hayas ocultado lo que sientes por miedo. Explícale que te gustaría comentarle algo, pero solo si le interesa. A continuación, hazte cargo de tus emociones no expresadas hasta ahora y dile lo que sientes de una manera totalmente responsable. Por ejemplo, puedes contarle al presidente de la junta directiva de tu empresa lo mucho que admiras su dedicación y coherencia en su función, pero también que te sientes abrumado e incómodo por sus frecuentes llamadas telefónicas antes de las ocho de la mañana. Explícale que temías decir algo porque no querías parecer ingrato o desagradecido respecto a sus esfuerzos en favor de la organización.

Reflexiona

Siente. Adéntrate en la naturaleza sin llevar contigo nada que te distraiga. Sumérgete de lleno en la experiencia de un árbol, una roca o una flor, y vívela. Experimenta lo que se puede sentir al estar contigo. Siente plenamente la relación.

Preguntas para el círculo de conversación

Reúnete con una o más personas que hayan leído este capítulo. Escoged un tema de conversación que todos hayáis acordado (ver la nota de «Preguntas para el círculo de conversación» en el capítulo dos). Pedid a cada uno que responda, por turno, a las siguientes preguntas, de una en una. Aseguraos de que no haya conversaciones cruzadas ni secundarias; este es un momento para hablar sin distracciones ni interrupciones. Antes de empezar, estableced el acuerdo de mantener la confidencialidad de lo que se diga en el círculo, escuchar con atención, hablar con espontaneidad y tener en cuenta el tiempo para que todos cuenten con la oportunidad de responder a cada pregunta.

1. Comenta una ocasión en la que te hayas guardado lo que sentías. ¿Por qué lo hiciste?
2. Relata un momento en el que expresaras del todo tus sentimientos y esta descarga emocional tuviera un resultado estupendo.
3. Explica en qué circunstancias te sientes verdaderamente libre para expresar del todo tus emociones profundas.

4. ¿Qué haces cuando te enfrentas a emociones difíciles? Nombra todas las estrategias que te ayuden a salir del atolladero emocional.

5. Nombra al menos una forma en la que piensas invocar la energía opuesta en el mandala astrológico para equilibrar tu Luna.

6. Dales las gracias a todos y cada uno de los miembros del círculo por expresarse.

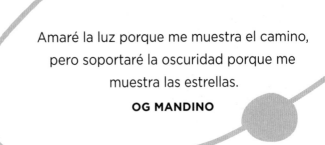

Amaré la luz porque me muestra el camino, pero soportaré la oscuridad porque me muestra las estrellas.

OG MANDINO

4

ASCENDENTE/ SIGNO ASCENDENTE

la ventana

Tu *ascendente* es el signo que estaba en el horizonte en el momento en que naciste, y es uno de los factores más importantes de la carta astral. Cada signo del Zodiaco está «regido» por uno de los planetas, y el arquetipo de ese regente planetario es el «regente» de toda tu carta.

EL ASCENDENTE COMO MÁSCARA

El signo ascendente se ha considerado tradicionalmente en astrología como un reflejo de la «máscara» que llevas, de tu persona más prominente en la actualidad y del papel que desempeñaste en tu sistema familiar durante tu infancia.

VENTANA

Puedes considerar el ascendente más bien como una ventana: una apertura a tu alma a través de la cual ves la esencia de los demás. Encarnar plenamente las cualidades más evolucionadas de tu signo ascendente te hace más accesible y te permite ver y experimentar a los demás con una mayor transparencia.

SIGNOS ASCENDENTES

El signo ascendente representa la forma en que te presentas a la gente, es decir, la primera impresión que causas, y los papeles que tiendes a desempeñar en tu familia de origen y en tu vida en general. Es interesante subrayar que los signos del ascendente se corresponden con determinadas características físicas; las mencionaré en el listado de cada signo.

ASCENDENTE ARIES

La persona con ascendente Aries puede mostrarse inmadura, furiosa y abusiva: exagerada, físicamente dominante y con una conducta que a veces resulta intimidatoria. Expresada de manera evolucionada, su energía radiante se traduce en una gran generosidad. Los individuos con ascendente Aries tienden a tener frentes anchas, rostros rubicundos y complexiones juveniles y atléticas.

El ascendente Aries significa que la carta está regida por Marte, el planeta de la acción, la ira y la agresividad.

PRIMITIVO. Eres como una «apisonadora» y estás acostumbrado a intimidar a los demás para salirte con la tuya. Pareces un boxeador y actúas como tal, por eso la gente te considera insoportablemente agresivo. Para ti, empujar a los demás es natural y ser el primero, una necesidad. Será mejor que nadie te pida que prestes atención: eres el centro del universo, y la gente tiene que hacer lo que le mandas o quitarse de en medio.

ADAPTATIVO. Posees una encomiable vitalidad de cuerpo y espíritu. Te muestras fuerte, audaz y dispuesto a ayudar a otros en sus tareas. Escuchas con atención antes de actuar y, en las relaciones, te aseguras de que todo el mundo salga ganando. La gente se siente animada cuando está contigo.

EVOLUTIVO. Tu aura proyecta un extraordinario brillo y una gran seguridad. La juventud y la inocencia impregnan tu manera de interactuar, aunque muestres madurez y experiencia. Tu aspecto y tu cuidado personal animan a los demás a ponerse en forma y a quererse de verdad a sí mismos. Creas muchas oportunidades en las relaciones para que los otros sean importantes y destaquen.

Bud, que tiene ascendente Aries, es carpintero y lleva treinta años construyendo casas. Al principio perdía los nervios con frecuencia y «escupía clavos». Cualquier frustración laboral se la tomaba como algo totalmente personal. Sus compañeros se quejaban de su humor. A los treinta y cinco años, golpeó a su novia en una disputa doméstica, y fue detenido y obligado a asistir a un curso para controlar la ira. Allí aprendió tanto que acabó ofreciéndose como voluntario para ayudar a dirigir grupos.

Ahora, Bud es un gran líder en su empresa. A los empleados que supervisa les encanta trabajar con él. Enseña a su equipo a manejar las emociones en el trabajo, y ellos se llevan este conocimiento a casa para mejorar sus relaciones con la pareja y los hijos.

Ascendente Tauro

Las personas con ascendente Tauro tienden a tener los pies en la tierra, son firmes y sensuales. Las formas menos evolucionadas de expresar esta faceta se manifiestan en un enfrascamiento en lo material y en los impulsos obstinados de este signo. Físicamente, suelen tener una mirada serena y ser musculosas y gruesas o con una constitución robusta. Pueden poseer un encanto y un atractivo físico extraordinarios.

El ascendente Tauro significa que la elegante Venus rige la carta.

PRIMITIVO. Perezoso y con sobrepeso, te arrastras de un lado a otro como si cargaras un saco de patatas. Te encantan las marcas y envidias a los que ya poseen el siguiente capricho de tu lista hasta que lo consigues. El consumo material ocupa gran parte de tu atención, pero no estás dispuesto a trabajar por tus objetos de deseo.

ADAPTATIVO. Tu físico exuberante y tu estilo son un placer para quienes lo contemplan. Te sientes totalmente a gusto en tu pellejo y desprendes una firme confianza. La gente acude a ti para relajarse en la seguridad divina que transmites.

EVOLUTIVO. Eres el cielo en la Tierra. Tu aspecto físico recuerda a un templo de arte refinado, y tus habilidades sociales son estelares. Como te mueves por la vida con un ritmo y una elegancia impecables, todos aquellos con los que te relacionas se sienten cálidamente acogidos y totalmente seguros en tu presencia.

Ascendente Géminis

La persona con ascendente Géminis se presenta ante los demás como intelectual, abstracta, ingeniosa y habladora. Tiende a centrarse en sus círculos sociales inmediatos, queriendo aprender e interactuar con ellos tanto como pueda. Los ascendentes Géminis en su expresión más primitiva pueden tener dificultades con la concentración, las instrucciones y el seguimiento de cualquier actividad; en ocasiones, estos problemas internos se reflejan en el exterior en un aire de «profesor chiflado» que puede ser dulce, encantador e interesante, pero que no inspira confianza en los demás. La mirada y los rasgos de las personas con esta posición planetaria son muy marcados.

El ascendente Géminis significa que Mercurio, parlanchín y mercurial, rige la carta.

PRIMITIVO. Tienes un aspecto y un comportamiento desordenado y distraído, como un manojo de cables sin conexión a tierra que vuelan en distintas direcciones. Eres tan descuidado al hablar que la gente te evita; saben que tu monólogo es interminable y absurdo.

ADAPTATIVO. Pareces inteligente, sofisticado incluso, y esto se refleja en tu forma de actuar. Utilizas tus palabras con cuidado y limitas tu discurso a lo que es relevante para tus interlocutores. La gente adora tu ingenio y tu inteligencia, y sabe que, cuando es necesario, eres capaz de mantener una conversación más directa y con más fundamento.

EVOLUTIVO. Como un maestro de la dirección de orquesta, puedes expresarte excepcionalmente bien y guiar a los demás en una conversación en la que todos son igualmente importantes. Sabes cuáles son las palabras y el tono adecuados para cada momento. La gente acude a ti para disfrutar de una conversación exquisita en la que se produce un intercambio de opiniones significativo e impactante.

Ascendente Cáncer

Emocional, maternal, profundamente cariñoso y conectado, empático: esa es la primera impresión que produce la mayoría de la gente con este emplazamiento. La parte negativa puede ser el mal humor y la necesidad de ser tratado con extremo cuidado para evitar estallidos emocionales y rabietas. Las personas con ascendente Cáncer tienen un aspecto amable y cariñoso.

El ascendente Cáncer significa que la carta está regida por la Luna, que es cambiante y está presente a nivel emocional.

PRIMITIVO. Te encanta que te mimen y fundirte involuntariamente con otras personas. Tu coraza emocional es tan frágil que, si alguien te rompe accidentalmente la uña o te ofende, lloras como una Magdalena. Tu carácter malhumorado y melancólico impregna la atmósfera como un vapor tóxico.

ADAPTATIVO. Tu elevada madurez emocional proporciona un terreno estable a los demás. Eres seguro y seductor a un nivel tanto físico como psicológico. Tu cultivada sensibilidad te convierte en un experto oyente y en un confidente cariñoso, digno de confianza.

EVOLUTIVO. Todos quieren dejarse envolver en tu halo de bondad y empatía divinas. Tu apariencia luminosa llena de magia a quienes te rodean, elevando su propio sentido de pertenencia cósmica a un nivel superior.

Ascendente Leo

La creatividad amorosa, la expresión sincera y la inclinación hacia la actuación son características de este signo ascendente. También puede serlo la necesidad de acaparar toda la atención y ser, cueste lo que cueste, el centro de esta. La persona con ascendente Leo a menudo lucirá una «melena» y tendrá hombros anchos y un físico regio y elegante.

El ascendente Leo significa que el Sol rige la carta natal.

PRIMITIVO. No te detendrás ante nada para conseguir la mayor atención posible; incluso si tienes que hacer el ridículo, conseguirás que *todo el mundo* se fije en ti. Gastas mucha energía para que todas las conversaciones giren en torno al núcleo del asunto: *tú*. Si otro, por la razón que sea, no te reconoce, lo pagará caro, e incluso entonces seguirás esforzándote, insistiendo en que te reconozcan.

ADAPTATIVO. Tu aspecto y tu personalidad irradian creatividad y entusiasmo. Tu luz brilla no solo por sí misma, sino también para iluminar las expresiones de los otros. Estando a tu lado, la gente siente una alegría desbordante que intensifica todas las pequeñas alegrías de la vida.

EVOLUTIVO. Eres el alma de cualquier grupo o reunión. Tu esencia brilla con tanta fuerza que, en tu presencia, la gente se siente llamada a dar lo mejor de sí misma. La pura inocencia de tu amor por la vida engendra un asombro infantil en todos.

Ascendente Virgo

En las mejores circunstancias, el nativo con ascendente Virgo se muestra dotado de recursos, capaz, organizado y dispuesto a ayudar. Los nativos menos evolucionados están tan pendientes de los árboles (y de criticarlos) que pueden perder de vista el bosque. Tienen un aspecto especial y muy cuidado; prestan gran atención a la higiene y a la apariencia impecable o, por el contrario, se resignan a la dejadez.

Como el ascendente Géminis, el ascendente Virgo significa que Mercurio rige la carta astral.

PRIMITIVO. Eres como un rompecabezas desordenado. Estás tan enfrascado en diseccionar la vida que has olvidado que existe una forma más sencilla y agradable de vivir. Buscas tus propios defectos y los de los demás. Si señalas a alguien con tu hacha de guerra, sentirá que lo están haciendo picadillo.

ADAPTATIVO. Tu impecable manera de vestir y comportarte es ejemplar. Tus prendas son una sinfonía coordinada de sofisticación. Buscas todas las oportunidades de servir con discreción y empatía. Tu refinado estilo de servicio es a la vez humilde y competente.

EVOLUTIVO. Destacas por tu conversación chispeante y tus inteligentes contribuciones; además, siempre sacas a relucir la agudeza y el ingenio de quienes te rodean. Aunque tu labor es digna de encomio, en todo momento reconoces el mérito de los demás. Tu autoaceptación es tan pura que muchos sienten que las heridas infligidas por sus críticos internos se curan con solo estar en tu presencia.

Ascendente Libra

El nativo con ascendente Libra puede mostrarse elegante y con una gran capacidad de concentración y dar la impresión a los demás de que es muy fácil llevarse bien con él: un colaborador diplomático y equilibrado. Los menos evolucionados pueden estancarse en la preocupación por quedar bien, complacer a los demás y gustar a todo el mundo. En el exterior, este emplazamiento suele significar una belleza facial simétrica o un aspecto que, por lo demás, es notable y encantador.

Al igual que el ascendente Tauro, la carta del ascendente Libra está regida por Venus.

PRIMITIVO. Pareces una muñeca en una exhibición, y así es como te comportas. Tu vida se rige por lo que los demás piensan sobre tu apariencia. Tu principal estrategia social es conseguir gustar, al precio que sea. Vives para la adulación y la seducción.

ADAPTATIVO. Tu apariencia y tu comportamiento armoniosos y de buen gusto son un ejemplo para otros. Tus excepcionales habilidades sociales te ayudan a que te tomen en serio por tus cualidades interiores. La gente se da cuenta de que la valoras sinceramente.

EVOLUTIVO. Eres como la paleta de un pintor llena de grandeza estética. Tu estilo y tu manera de relacionarte socialmente son dignos de ser fotografiados, tanto por su sustancia como por el maravilloso asombro que evoca tu forma de ser.

Ascendente Escorpio

Sexy, misterioso, transformador, intenso, profundamente solidario, inspirador: así es el ascendente Escorpio, mostrando su fuerza. Desconfiado, emocionalmente cauto y reacio a intimar: esa es su expresión más primitiva. Una mirada intensa (que no revela lo que sucede en su interior) suele acompañar a este posicionamiento: el poder de mirar a través de los demás como una máquina de rayos X emocional.

Las cartas con ascendente Escorpio están regidas por el transformador Plutón, que busca la profundidad.

PRIMITIVO. Pareces una serpiente venenosa y así es como actúas. La gente debería tenerte miedo: puedes hacerla polvo en un abrir y cerrar de ojos. Tu mirada se clava en su alma y la traspasa. Y, sin embargo, tienes un miedo atroz a tu propia sombra; te tranquilizas proyectándote y juzgando a los demás para que sientan que hay en ellos algo totalmente indigno de amor e irreparable.

ADAPTATIVO. Al ofrecer, de forma constante y consistente, una aceptación incondicional de tus aspectos menos deseables los transformas en nuevos puntos fuertes. Eres capaz de ver el inmenso y perdurable talento ajeno y de alimentarlo para que se manifieste.

EVOLUTIVO. Tu tremendo atractivo sexual hace que otros asuman su propio encanto y sensualidad, y los ayuda a vivir de una manera más libre y creativa. Tu especialidad es infundir a los demás una sensación de vulnerabilidad invencible. La gente acude a ti para potenciar su magia.

Ascendente Sagitario

Los nativos con ascendente Sagitario tienden a mostrarse seguros y valientes, y a apostar por la verdad, el aprendizaje superior y la aventura. En los días más duros o durante los periodos más complicados de la vida, este signo de fuego puede conferir impulsividad y exceso de confianza. Esta ubicación es muy conocida por su desparpajo. Físicamente, puede mostrar una complexión fuerte y atlética, como un caballo, con las piernas largas.

Las cartas con ascendente Sagitario están regidas por el planeta expansivo Júpiter.

PRIMITIVO. Orgulloso y fanfarrón, lanzas palabras como flechas y te jactas de cualquier cosa. Eres desaliñado e impulsivo, pasas por encima de los sentimientos de la gente como un caballo salvaje y no te molestas en arreglar el desaguisado que dejas atrás.

ADAPTATIVO. Eres un trovador íntegro y sabio. Tu visión positiva y tu apreciación de los demás ayudan a sanar a la comunidad. Eres como un aventurero valiente que se adentra en la tierra del aprendizaje y el significado.

EVOLUTIVO. Eres una fuente de consejos sabios. Tu sola presencia y energía ayudan a los demás a creer en sí mismos, y la gente viene de todas partes en busca de tu apoyo para renovar la fe en su propia capacidad. Tu generosidad de espíritu ilumina a la comunidad.

Ascendente Capricornio

El nativo con ascendente Capricornio puede aparecer como una figura protectora altamente responsable, fiable y firme o como alguien con aires de superioridad, con una actitud defensiva y condescendiente. Los nacidos bajo este ascendente se preocupan por ir a la última moda. La resistencia física y un semblante serio son habituales en esta posición.

Sus cartas astrales están regidas por el severo y disciplinado Saturno.

PRIMITIVO. Tienes una fachada de granito. Si la actitud defensiva fuera una insignia, la llevarías puesta. La preocupación por la posición social está pegada a ti como una lapa. Das por sentado que los demás se sienten inferiores a ti.

ADAPTATIVO. Pareces un padre protector y te comportas como tal. La gente deposita su confianza en ti asumiendo que estás preparado para escuchar con gentileza sus inquietudes. Tienes un don excepcional para aportar valor a cualquier conversación.

EVOLUTIVO. Eres un ejemplo de aceptación a uno mismo. Vives de acuerdo con los valores más elevados y te muestras vulnerable y paciente. Las comunidades acuden a ti para aprender métodos sostenibles de autocuidado e interdependencia.

Ascendente Acuario

El ascendente Acuario, cuando no se expresa adecuadamente, puede mostrarse de manera poco convencional —raro por el gusto de epatar— e insensible, ser propenso a soltar frases hirientes y a adoptar un aire de superioridad. Sin embargo, tanto su originalidad y su autenticidad como su amor integral por la comunidad pueden aumentar. Esto lo lleva a mostrarse muy amistoso, abierto, accesible y tolerante.

Las cartas con ascendente Acuario están regidas por el sorprendente e innovador Urano.

PRIMITIVO. Pareces un robot y actúas como tal. Llama la atención tu falta de sensibilidad hacia la gente. Estás demasiado por encima de las dificultades humanas para tratar con personas reales, y tal vez sea mejor, porque prefieres enfrascarte estérilmente en tus pensamientos a arriesgarte a sentir de verdad.

ADAPTATIVO. Tu rostro franco y tu sonrisa hacen sentir a gusto a la gente. Tu visión auténtica e innovadora de las cosas es refrescante. Aportas aire fresco a cada encuentro.

EVOLUTIVO. Eres una fuente de amor incondicional. Quienes están a tu alrededor se sienten en casa. Iluminas las conversaciones con una auténtica chispa de genio creativo.

En su adolescencia, Saucy, con ascendente Acuario, solía insultar a sus profesores y pasar mucho tiempo castigada. Finalmente, abandonó el instituto, aduciendo que era muy aburrido y no merecía la pena. Pasó un tiempo recorriendo el país con una mochila a cuestas y quedó fascinada con la agricultura ecológica. Empezó a estudiar y practicar la agricultura biodinámica y se dedicó a cultivar marihuana de muy alta calidad. Hoy en día es multimillonaria, vive en Colorado y dirige varias plantaciones de marihuana. Asimismo, se ha convertido en una gran filántropa, hace donaciones y forma parte de las juntas directivas de las organizaciones que ayudan a las personas sin hogar en Denver.

Ascendente Piscis

Quienes tienen este emplazamiento pueden, en los momentos de menor maestría, mostrarse perdidos o insensibles, con tendencia a la evasión y al victimismo. Una expresión más evolucionada hace brillar la empatía, la sensibilidad y la dulzura y la seguridad emocional, como si se tratara de un mar tropical en calma. En los ascendentes Piscis predomina el semblante sereno y el cuerpo flexible, como el de un bailarín.

Las cartas con ascendente Piscis están regidas por el planeta oceánico Neptuno.

PRIMITIVO. Das la impresión de ser un pez que se está ahogando, y así es como actúas. Sin forma ni entusiasmo, flotas y te hundes sin darte cuenta de lo perdido que estás. Entras en estados alterados y prefieres el adormecimiento de la evasión a los verdaderos sentimientos. Tu estrategia favorita es perderte en el otro.

ADAPTATIVO. Fluido y adaptable, pareces un extraordinario bailarín y así es como te sientes. Te mueves con una confianza tan sublime que todos quieren impregnarse de tu carisma. Eres una orilla tranquila para el oleaje de la vida.

EVOLUTIVO. Eres como el agua pura, aportas una claridad prístina a cualquier relación. Tu suavidad y tu dulzura innatas invitan a los demás a despreocuparse e inspirarse, y tu compasión natural e iluminada transforma y sana a la comunidad.

Prácticas para el ascendente ....

Sumérgete

Si hubiera una ventana a tu alma que también te permitiera ver el alma de los demás, ¿cómo la describirías con palabras? Dibuja un boceto o busca una imagen en algún lugar que represente tu ventana ideal.

Relaciónate

Pide a seis personas que conozcas que describan la impresión que les causaste cuando te conocieron utilizando tres adjetivos.

Ahora, dile a cada una de las seis cómo te *gustaría* que te vieran. Pregúntales cómo puedes ser más coherente en la impresión que causas a los demás.

Arriésgate

Camina por una zona concurrida de la ciudad durante una hora. Establece un auténtico contacto no verbal con al menos treinta personas. Imagina que es el último día de tu vida y que esos «desconocidos» te importan de verdad.

Míralos. Deja que te miren.

Toma notas de tu proyecto de campo y cuéntale a algún amigo lo que aprendiste.

Reflexiona

Plantéate esto: ¿cómo has juzgado mal a alguien en el pasado basándote en las primeras impresiones? ¿Qué parte de ti las miraba? ¿Qué te impidió ver de verdad quiénes eran?

Plantéate también lo siguiente: ¿te han juzgado mal al hacer una valoración rápida? ¿Cómo te sentiste? ¿Qué impresión te gustaría causar? ¿Cómo te gustaría ver a los demás a partir de ahora?

Preguntas para el círculo de conversación

Reúnete con una o más personas que hayan leído este capítulo. Utiliza un tema de conversación que todos hayáis acordado (ver la nota de «Preguntas para el círculo de conversación» en el capítulo dos) y pide a cada miembro que responda a las siguientes preguntas, de una en una. Asegúrate de que no haya conversaciones cruzadas o secundarias; este es un momento para hablar sin interrupciones. Antes de comenzar, acordad mantener la confidencialidad de lo que se dice en el círculo, escuchar con atención, hablar espontáneamente y tener en cuenta el tiempo para que todos dispongan de una oportunidad de responder a cada pregunta.

1. ¿A quién ves cuando te miras en el espejo? ¿Cómo ha cambiado a lo largo de los años?

2. ¿Qué es lo primero que observas en las personas y por qué? ¿En qué te gustaría que la gente se fijara primero en ti?
3. ¿Cuándo te sientes más cómodo con los demás?
4. Si no tuvieras ningún miedo, ¿qué facetas mostrarías en los entornos sociales?
5. Di a cada persona del grupo algo que destaques de su presencia.
6. Si tuvieras una varita mágica y pudieras crear cualquier primera impresión de ti mismo, ¿cuál sería?

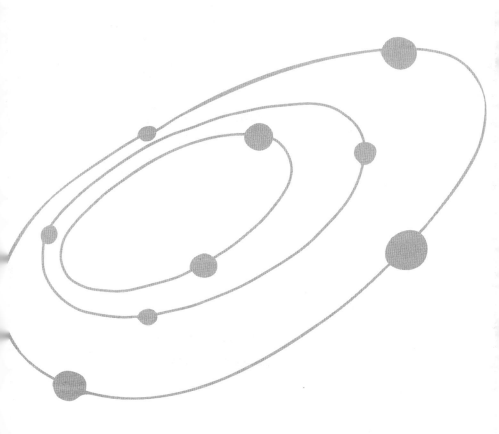

Las palabras son viento.

GEORGE R. R. MARTIN

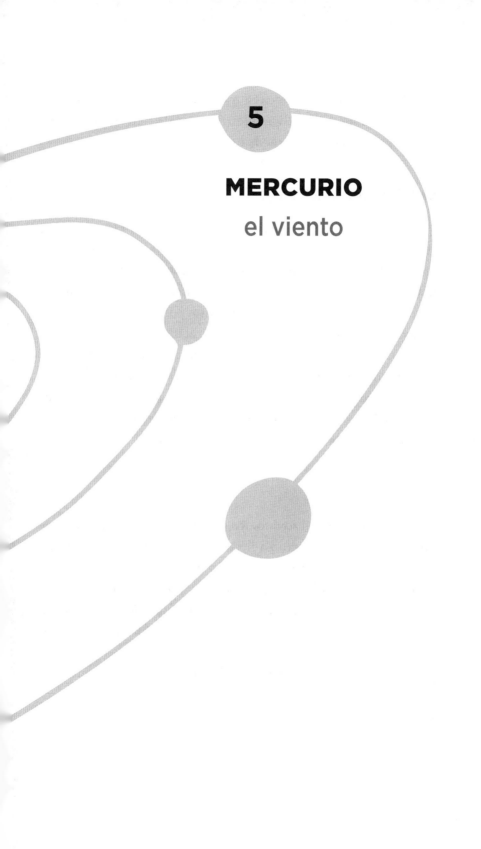

5

MERCURIO

el viento

Mercurio representa la mente, el pensamiento y el movimiento de las ideas a través de cualquier forma de comunicación. Rige nuestra capacidad de aprender, comunicar y conceptualizar mediante el lenguaje.

EL MITO DE MERCURIO

El antiguo dios romano Mercurio era hijo de Júpiter. Asimismo, era la deidad de los vientos y el mensajero de los dioses. Su rapidez mental era tan prodigiosa que se cuenta que construyó su propia lira por la mañana, nada más nacer, y que al mediodía de ese mismo día dominaba totalmente el instrumento; por la noche, había conseguido robarle unas cabezas de ganado al mismísimo dios Apolo.

Mercurio supervisaba el comercio, la comunicación hablada o escrita y los negocios de comerciantes y ladrones. También se creía que era el responsable de guiar a las almas al inframundo. Sus representaciones en la pintura y la escultura suelen llevar alas en los pies o en el sombrero.

EL VIENTO

El viento transporta el sonido, los materiales, los sueños y las fantasías por todo el mundo. La flexibilidad, la presteza y la claridad del movimiento del aire son hipnotizantes. La imagen del viento utilizada para representar a Mercurio le aporta a la noción de comunicación y conexión que transmite este dios, identificado con una figura humana, el sentido de que toda la información y el conocimiento son realmente libres.

Al igual que el viento, todo lo que hablamos y compartimos a través de las palabras es efímero y está sujeto a interpretación. ¿Para qué sirve el viento? Para limpiar el aire, eliminar toxinas, transportar semillas, permitir el vuelo con las corrientes ascendentes. El viento puede ser estimulante, pero también muy destructivo, como sucede en el caso de los huracanes, tornados, ciclones y tifones.

Todos hemos sufrido el extraordinario dolor de tropezarnos con un tornado de lenguaje de odio; también hemos sentido el regocijo de ser elevados a las alturas por palabras que enaltecen e inspiran. Aunque no somos capaces de controlar el viento, podemos ser conscientes de manejar cómo usamos nuestro propio aire en movimiento a través de las palabras y las conexiones.

MERCURIO EN LOS SIGNOS

Mercurio en la carta se relaciona con la comunicación, los hábitos mentales y los patrones. Denota cómo procesamos la información y la comunicamos, así como el estilo en el que necesitamos que nos hablen para que el mensaje resuene con nosotros.

Mercurio en Aries

Las personas con Mercurio en Aries tienden a comunicarse de forma valiente, audaz y directa, y les gusta que les hablen de la misma forma. De sí mismas, esperan franqueza y claridad de pensamiento, sin muchos rodeos, quietud o espacios en blanco. Pueden impacientarse ante la falta de una intención clara y decidida en ellas mismas y en los demás.

PRIMITIVO. Puedes convertirte en un hacha de guerra: en esta expresión, la comunicación es un arma, e identificas la fuerza con la razón. Hablas sin pensar, y el pensamiento agresivo podría dominar tus relaciones. Además, tiendes a ser tremendamente impaciente con el discurso de los demás e igualmente impaciente con tu propia mente. En el peor de los casos, no toleras ningún obstáculo que se oponga a tus objetivos o intenciones; cuando estos surgen, renuncias, pero primero montas un gran berrinche.

ADAPTATIVO. Hablas en nombre de quienes tienen una voz menos poderosa que la tuya, no para sustituirlos, sino para invitarlos directamente a que se expresen. En lo referente a hablar y compartir buscas firmemente el equilibrio entre dar y recibir. Reconoces que tienes opiniones contundentes y modulas el tono para poder hablar y que te escuchen, sin parecer un bravucón.

EVOLUTIVO. Tu forma heroica y valiente de comunicarte inspira a todo el mundo a emprender sus propias causas. Puedes aprovechar la fuerza innata de las convicciones de cada ser humano y ayudarlo a cultivar sus palabras en forma de acciones externas.

Mi amigo Tate, cuyo Mercurio está en Aries, se crio en una familia militar en la que la agresividad al hablar era algo habitual y corriente. Aprendió desde niño que, para que lo escucharan, tenía que ser estridente y descarado. También aprendió que si era más agresivo que los demás, podía salirse con la suya.

Con los años, sus allegados, incluidos su mujer y sus hijos, se distanciaron de él porque no soportaban su tono airado. Tate inició un largo viaje de introspección que lo llevó a entender que lo mejor era utilizar su Mercurio en Aries para proteger de la agresión y el daño a las personas que quería, no para infligírselo. Pasó de «¡oye lo que tengo que decirte!» a «cuéntame lo que tienes que decirme».

Mercurio en Tauro

El reto de tener a Mercurio en Tauro es utilizar la energía firme, constante y productiva de Tauro de forma eficaz en la comunicación. Aprender a utilizar Mercurio en Tauro de una manera evolutiva requiere que se haga a través de la mirada terrenal, concreta y sensual de este signo. La maestría aquí puede aportar una habilidad extraordinaria en el canto y la oratoria.

PRIMITIVO. Puedes volverte rígido, estancado y obstinado en tu forma de pensar y de comunicarte. Tus mensajes son como muros de cemento, que te rodean y les indican a los demás que dejen de presionar para obtener información o de lo contrario serán empujados bruscamente contra esos mismos muros. Tiendes a hablar con lentitud y ponderación, como si estuvieras acariciando cada palabra, lo que hace que la gente se aburra y desconecte. Te cuesta ver la conversación como una danza. Tu comunicación se parece más a una estatua; de hecho, hablar contigo es casi como hablar con una piedra. Y dentro de tu cabeza no lo tienes más fácil: en lugar de vuelos de fantasía mental, tus procesos de pensamiento parecen atorados en medio de un lodo espeso.

ADAPTATIVO. Planificas lo que vas a decir, y lo dices de forma sucinta, mirando a los ojos y siendo muy consciente del nivel de interés de tu interlocutor. Eres fiel a lo que crees y hablas de ello de forma comedida, a la vez que mantienes una genuina curiosidad por los puntos de vista diferentes. No mantienes las opiniones como objetos fijos e inalterables, sino como conversaciones que fluyen y están abiertas a la influencia. Hablas maravillosamente y prestando especial atención a la calidad y la esencia de tu voz.

EVOLUTIVO. La belleza y la elegancia de tu comunicación invitan a los demás a ver la posibilidad positiva del lenguaje como forma de arte. A través de ti, el lenguaje y la comunicación se convierten en espejos de la belleza, la capacidad y la competencia intelectual de otras personas.

Mercurio en Géminis

En Géminis, Mercurio se encuentra más a gusto; esta ubicación ofrece un gran potencial para una comunicación abundante y fácil. El reto es mantener algún tipo de orden y límites en torno a él para evitar convertirse en una «cabeza flotante» demasiado intelectual. El objetivo es utilizar este don innato para las ideas y el pensamiento en beneficio de todos, en lugar de dejar que los vientos de Mercurio soplen sin ningún principio organizador que haga que sus dones puedan ser recibidos por los demás.

PRIMITIVO. Eres como el polvo en el viento. Hablas largo y tendido sin sustancia, sin parámetros, sin contención. Es una verborrea precipitada y descuidada, como si las palabras carecieran de peso o importancia. Este tipo de cháchara y parloteo es el origen de las expresiones *palabras vacías* y *cabeza hueca*.

ADAPTATIVO. Eres capaz de utilizar las palabras de forma inteligente, ingeniosa y humorística para romper la tensión, invitar a la conversación e inspirar la indagación. Desarrollas una habilidad mágica para conectar los puntos de las ideas y creces hasta un lugar en el que puedes ayudar hábilmente a los demás a ver dónde se encuentran sus valores e ideas en un terreno común.

EVOLUTIVO. Te has convertido en un maestro en ver cómo individuos con competencias y talentos dispares pueden unirse por una causa. Con la claridad de un haz de láser, detectas las formas de expresar las capacidades mentales individuales de las personas; a partir de ahí, las introduces en una rueda giratoria de productividad que genera resultados sorprendentes.

Cuando Natty, con Mercurio en Géminis, era pequeña, veía a menudo que sus padres se peleaban y utilizaban las palabras como armas. En su caso, decidió no hablar, y toda su increíble riqueza de ideas quedó soterrada. Vivió estas ideas como un tornado interno de frustración y represión. A medida que crecía, se sintió atraída por la enseñanza y el asesoramiento, que le ofrecían formas seguras y estructuradas de comunicarse y unir a la gente. Con el tiempo, llegó a ser directora ejecutiva de una organización sin ánimo de lucro centrada en la comunicación social y emocional que vinculaba a todas las personas con una causa común. En la actualidad, quienes conocen a Natty destacan su capacidad para tratar temas complicados con sensibilidad y una ecuanimidad serena y reflexiva.

Mercurio en Cáncer

En este signo, la comunicación y el pensamiento tienden a centrarse en los sentimientos. El viaje desde la expresión primitiva hasta la adaptativa y evolutiva consiste en aprender a nombrar, gestionar, expresar y canalizar las emociones de forma saludable.

PRIMITIVO. Podrías ponerte un chupete en la boca y hacer ruidos guturales y gemidos. Con Mercurio en Cáncer en su estado primitivo, tus expresiones tienden a ser variaciones de *bebé, bebé, bebé yo*, a veces incluso dicho con voz de niño pequeño. A menudo hablas y piensas en tus emociones para dar salida a toda la autocompasión que sientes: nadie te *entiende*, nadie te comprende, en parte porque no se han dado cuenta de tu genio emocional. Cuando la gente se cansa de escuchar tus interminables lloriqueos, los acusas de ser crueles.

ADAPTATIVO. Tienes una admirable capacidad para percibir lo que sienten los demás, y eres experto en abordar conversaciones sobre todos los aspectos emocionales. Sabes cómo enfocar el debate intelectual y los comentarios en el ámbito de los sentimientos. Eres capaz de traspasar las defensas de tu interlocutor y hablarle directamente a su lado más vulnerable.

EVOLUTIVO. Puedes contagiar a la comunidad tu empatía compasiva a través de conversaciones y discursos persuasivos y sinceros. En cualquier situación tensa, posees la habilidad de resolver el conflicto al enfocarte directamente en las necesidades del niño interior de todos los implicados. Tienes una sensibilidad especial para descubrir las implicaciones positivas de cualquier estado de ánimo, y sabes cómo reformular un comentario poco acertado para convertirlo en una petición constructiva.

Mercurio en Leo

La comunicación cariñosa, expresiva y creativa es el sello de Mercurio en Leo. También puede estar demasiado centrado en el «¡yo, yo, yo!» o, por momentos, ser jactancioso y mostrarse excesivamente ávido de reconocimiento. La clave de la expresión evolutiva de esta ubicación consiste en canalizar la energía ardiente de Leo para compartir activamente tus dones con el mundo.

PRIMITIVO. No puedes dejar de hablar de ti mismo. De alguna manera, cada tema es un recordatorio de que el universo entero gira en torno a tu persona. Tu necesidad obsesiva de palabras de adoración y admiración crea una intensa frustración para ti y para los demás que no pueden satisfacer tus exigencias. En cuanto empiezas a contar una historia sobre tu vida, es como si la habitación se quedara sin aire.

ADAPTATIVO. Vas directo a lo esencial, con gracia y aplomo. Invitas a otros a compartir lo más valioso para ellos en términos de su amor por la vida y por otros seres humanos. Aprovechas cualquier oportunidad para reconocer a tu gente, valorarla y presumir de ella. Tus palabras de alegría son una fuente de inspiración para los demás.

EVOLUTIVO. Eres como un pájaro cantor de esperanza y promesas para el futuro. Cuando reúnes a la gente, ya sea en la misma habitación acogedora o en una enorme sala de convenciones, se vinculan instantáneamente en el corazón. Tu risa es contagiosa y despierta la alegría de vivir en todos los que la escuchan.

Bobby, que tiene a Mercurio en Leo, creció en una familia de actores y artistas. Desde muy pequeño, aprendió a competir con el intenso narcisismo de sus parientes mediante la fanfarronería y contando historias. Al entrar en la universidad, se dio cuenta de que su actitud egocéntrica podía proporcionarle mucha atención superficial, pero no el verdadero amor ni el éxito profesional que deseaba. Decidió estudiar el arte de la negociación, tanto para ser un mejor hombre de negocios como para aprender a llegar a la raíz de los problemas. Con el tiempo, terminó siendo formador de empresas y especializándose en enseñar el arte de escuchar en profundidad para llegar al fondo de la cuestión, con compasión y empatía. Sus amigos lo conocen como una persona generosa y abierta, siempre dispuesta a echar una mano a quien lo necesite.

Mercurio en Virgo

Virgo se especializa en transformar el caos en orden, y esta ubicación de Mercurio puede significar un infierno de perfeccionismo y crítica hacia uno mismo y hacia los demás o, por el contrario, un paraíso de ideas, prácticas, teorías o principios organizativos claros, concisos y orientados al servicio que son fáciles de comunicar.

PRIMITIVO. Te encanta juzgar y criticar todo lo que hacen los demás, pero la alegría que sientes al imponerles unos criterios imposibles, quisquillosos y mezquinos dura poco. Aunque ellos sufran bajo tu mirada crítica y puntillosa, tú te hablas a ti mismo con más desprecio de lo que nadie puede imaginar. Tienes la mente permanentemente cerrada en un puño de queja.

ADAPTATIVO. Utilizas tu elevada capacidad de análisis para ayudar a los demás a realizar sus sueños. Ves las imperfecciones en sus comunicaciones como una oportunidad para aprovechar las posibilidades de un mayor entendimiento. Piensas cuidadosamente antes de hablar para que tus palabras añadan valor a la conversación.

EVOLUTIVO. Tu mente es una herramienta al servicio de la comunidad. Te centras en cómo tus dones y talentos pueden ayudar y unir a la gente. Hablas de su esencia y su esfuerzo con una brillante concisión. Ayudas a transformar las posturas contrarias en conversaciones sobre ideales compartidos.

Mercurio en Libra

Este emplazamiento favorece una comunicación equilibrada que se centra en ayudar a los demás a ver los dos lados de cualquier asunto. El énfasis en la imparcialidad y en la síntesis de las aportaciones de los diferentes ángulos convierte al nativo de Mercurio en Libra en un excelente negociador que ayuda a que todos se sientan escuchados y valorados en cualquier conversación, por muy diversas que sean las opiniones que entran en escena.

PRIMITIVO. Si alguien quiere posponer la toma de una decisión sobre cualquier cosa, tú eres la persona a la que tiene que dirigirse. Puedes darle vueltas y vueltas a un asunto el día entero, contemplando todos los ángulos posibles sin llegar nunca a una conclusión.

Te aterra la idea de dar el mínimo paso en la dirección equivocada. Se te da especialmente bien arrastrar a los demás a tu reino de cavilaciones interminables.

ADAPTATIVO. Empiezas a reconocer que, aunque un tapiz de pensamientos e ideas es hermoso, en algún momento tienes que arriesgarte a avanzar. Sigues ayudando a que los demás se sientan escuchados en sus posiciones, pero también canalizas la voluntad de concretar un plan decisivo que ayude a que todos se sientan incluidos y valorados.

EVOLUTIVO. Te conviertes en una voz tranquila y equilibrada que apoya la colaboración bella y armoniosa. La gente sabe que se puede contar contigo para manejar las diferencias inevitables en cualquier proceso consciente de toma de decisiones. Tiene presente que puede recurrir a ti para destilar la sabiduría de las diversas posturas para crear un todo coherente y equilibrado.

Mercurio en Escorpio

La mirada de Escorpio facilita la comunicación y los patrones de pensamiento que van al quid de la cuestión. Aquí hay potencial para una increíble profundidad, agudeza y vulnerabilidad. Junto con la capacidad de ver hasta lo más profundo de las cosas y de transmitir el relato de esa profundidad a los demás, esta ubicación conlleva la necesidad de actuar con empatía y cuidado. Puede utilizarse para hacer un daño tremendo o para aportar una ayuda transformadora.

PRIMITIVO. Rezumas crueldad y mezquindad. Te permites encolerizarte y escupir a quienes te rodean, y no asumes ninguna responsabilidad por el daño que esto provoca. Guardas resentimientos y secretos, los llevas contigo como bombas sin explotar hasta que llega el momento de que todos sientan su calor. Te cierras en banda como una forma de castigar a la gente.

ADAPTATIVO. Posees una mente que resuelve los problemas con total precisión. Los demás saben que pueden encontrar apoyo moral en ti. Tus palabras son a la vez empáticas y transformadoras. Hablar contigo los ayuda a profundizar en su verdad y vulnerabilidad.

EVOLUTIVO. Tu discurso valiente saca a la luz las convicciones más auténticas de las personas y las ayuda a dejar a un lado el miedo y comprometerse. Puedes ser transparente y vulnerable sin prescindir de tu poder y tu energía personales.

Garland tiene a Mercurio en Escorpio. Durante su infancia, estaba obsesionado con las historias de terror y de monstruos; en aquella época, se sentía avergonzado por los pensamientos asesinos, oscuros y mezquinos que brotaban en su psique, como si tuviera un terrible secreto que había que ocultar al resto del mundo. Cuando ingresó en la universidad, descubrió que le apasionaba la psicología forense. Fue entonces cuando su obsesión por las series policíacas y las películas de terror empezó a cobrar sentido.

Se formó en medicina forense y en la actualidad es uno de los mayores expertos en psicología forense criminal de todo el mundo.

Este modo de aplicar Mercurio en Escorpio –una manera constructiva de utilizar su talento para mirar en los recovecos más oscuros del alma humana– le permitió ser más equilibrado, despreocupado y alegre en la vida cotidiana.

Mercurio en Sagitario

Mercurio en Sagitario sugiere una comunicación y un pensamiento enérgicos, directos y francos. Puede significar que te apresuras a juzgar y a exponer tu posición con autoridad, aunque solo se base en tu interés personal. A menudo crees saber lo que es mejor para los demás.

PRIMITIVO. Eres una persona prepotente, autoritaria y con aires de superioridad. El trasfondo de gran parte de lo que dices es: «¡Tengo razón, idiota! Déjame explicarte, con todo lujo de detalles, cómo tienes que vivir». Simplemente abres la boca y disparas; y te trae sin cuidado quién pueda salir herido.

ADAPTATIVO. Puedes plantarle cara al poder con humildad y franqueza. La gente confía en ti para que les des una valoración generosa y auténtica de cualquier asunto. Haces honor a tu palabra y mantienes un discurso responsable. Cuando caes en tu hábito primitivo de atacar, te das cuenta, asumes la responsabilidad y vuelves a intentar comunicarte de forma reflexiva y ecuánime.

EVOLUTIVO. Tus palabras suscitan impulsos liberadores en la comunidad. Las historias que cuentas dan en el clavo con su relevancia y significado. Todos se inspiran en tu capacidad para exponer alegremente las verdades más profundas y para alzar la copa llena de la gratitud.

Mercurio en Capricornio

Con Mercurio en Capricornio, la comunicación y el pensamiento tienden a los hábitos de practicidad, planificación anticipada, consideración de las consecuencias, previsión y división de las cosas en categorías.

PRIMITIVO. Hablas con frialdad, concisión y condescendencia. Está claro que no te entienden. No te molestas en escuchar a los demás, porque ya sabes lo que van a decir. Vives enrocado en tus posturas ideológicas. No tienes tiempo para ocuparte de los sentimientos de nadie. ¡Solo quieres *que se hagan de una vez las cosas*!

ADAPTATIVO. Utilizas tu perspectiva extraordinariamente práctica para contribuir al diálogo. Cumples de manera impecable tu palabra. Piensas de forma clara y metódica y ofreces soluciones razonables cuando se te pide. Tienes una gran capacidad para identificar y dominar las emociones, por lo que eres capaz de reducir la intensidad de cualquier conflicto. Se puede contar contigo y saber que mantendrás la calma en medio de cualquier tormenta en el ámbito de las relaciones personales.

EVOLUTIVO. Piensas en la planificación a largo plazo y en los pasos necesarios para la realización de visiones complejas. Eres capaz de prestar atención a las preocupaciones de los demás y actuar para que sientan que han sido atendidas y reconocidas. Tu atención inspira a otros a aportar nuevas ideas sobre la mejor manera de proceder. Asumes la plena responsabilidad de tus errores, haces todo lo posible para arreglar las cosas y enseñas a quienes te rodean (tanto explícitamente como con el ejemplo) el increíble poder de estas prácticas resolutivas.

Stella, cuyo Mercurio está en Capricornio, creció en una familia en la que solo importaban los hechos. En la mesa, se le hacían preguntas para poner a prueba su vocabulario y la reñían por cualquier tipo de comentario sin fundamento. Le enseñaron a ser práctica y a abordar los desafíos mentales y emocionales de una manera realista.

Aunque su carta astral mostraba unas extraordinarias dotes artísticas, acabó ganándose la vida escribiendo obras de no ficción. Stella aprendió que podía emplear su proceso de pensamiento lógico y metodológico para escribir artículos y libros convincentes, claros y accesibles. También comprendió que, en las relaciones personales, un enfoque basado solo en los hechos no resultaba atractivo, por lo que estudió para aprender a conectar social y emocionalmente con los demás. Llegó a convertirse en una prestigiosa experta en el campo del aprendizaje socioemocional y puso en práctica lo que enseñaba. En su familia, en sus círculos sociales y en su comunidad, tiene fama de mujer comprensiva que sabe escuchar, hablar y conectar, y ahora muchos la consideran una gran amiga y un valioso apoyo.

Mercurio en Acuario

Aquí, la comunicación y el pensamiento tienden a una perspectiva global elevada, una capacidad visionaria para ver lo más importante para la comunidad y planificar en torno al panorama general. Esta perspectiva conlleva responsabilidades, especialmente en lo que respecta a la comunicación más íntima: puede que no se tengan en cuenta las diferencias interpersonales y que haya una falta de respeto a la inteligencia del otro.

PRIMITIVO. Ya sabes todo lo que hay que saber; no te hace falta aprender nada. Está claro que siempre llevas razón, por lo que nadie debería molestarse en corregirte. Si tú lo dices, *debe* de ser cierto, porque tienes una conexión directa con la única fuente que importa: tú mismo. Algunos piensan que eres muy terco, pero eso es porque son idiotas.

ADAPTATIVO. Tienes una imparcialidad que te permite ver las circunstancias en su totalidad. Gracias a ello, puedes sintetizar una visión general útil de cualquier situación y hacerlo desde múltiples perspectivas. Tus conversaciones tienden a incluir a todo el que quiera participar, porque aceptas y disfrutas la diversidad de opiniones. Cuando te das cuenta de que estás equivocado, lo reconoces con entusiasmo; tu motivación principal es aprender todo lo que puedas para ser útil a la comunidad.

EVOLUTIVO. Entiendes que la mente colectiva es buena y lúcida solo en la medida en que se emplee para el bien de todos. Aceptas que el don de tus habilidades de comunicación te equipa bien para encargarte de este tipo de facilitación, y buscas todas las oportunidades posibles para entrelazar las historias de los individuos creando un mapa vital, conectado y cohesivo. Utilizas tu inmensa intuición para unir a la gente en causas y movimientos que transformen el mundo. Eres feliz ayudando a otros a realizar sus sueños de unidad y comunidad.

Mercurio en Piscis

Puede ser un reto conectar con la comunicación lógica y el pensamiento lineal a través de la perspectiva de Piscis. El signo de Piscis tiene que ver con lo ilimitado, con flotar en un mundo acuático e imaginario. A veces es tan difícil comunicarse desde esta posición que resulta tentador escapar a tu propio mundo. Para expresarte de forma competente desde este emplazamiento has de encauzar tu sensibilidad cálida y activa cuidadosamente y con generosidad.

PRIMITIVO. Tu mente es un gran banco de niebla. No puedes concentrarte en nada. Te pasas horas persiguiendo tu propia cola y luego recuerdas que ni siquiera *tienes* una. La evasión es tu mejor amiga; puedes distraerte con el vuelo de una mosca. Cuando los sentimientos superan tu capacidad de hablar (lo que ocurre a menudo), simplemente te desconectas y te disocias. Tu vida mental gira en torno a la fantasía, y la utilizas como excusa para no cumplir tu palabra.

ADAPTATIVO. Tu exquisita sensibilidad ayuda a la gente a ser más genuina y auténtica. Tu voz arrebatadora invita a los demás a entrar en tu particular visión estética de la comunicación. Cuando les dices la verdad a los poderosos, los demás *sienten* tus palabras. Tu capacidad para contar una gran historia es como un sueño hecho realidad.

EVOLUTIVO. Canalizas el amor divino por toda la creación. Tu conexión con las dimensiones superiores te permite ver el potencial de otros y hablar directamente de sus cualidades inspiradoras. Todo el mundo acude a ti para sentirse seguro, reconocido y celebrado. Eres un modelo de inteligencia social y emocional; conectas a los que quieren escapar invitándolos a tu experiencia del cielo en la tierra.

Prácticas para Mercurio ....

Sumérgete

Lleva un diario de pensamientos durante un día: anota cada hora el tema más frecuente de tus pensamientos. Señala si estás centrado en lo que quieres pensar.

O bien:

Lleva un diario de conversaciones durante un día. Cada hora anota de qué es de lo que hablas más y de qué no hablas en absoluto. ¿Te gusta lo que observas?

Relaciónate

Escribe una carta a alguien a quien hayas infravalorado. Cuéntale todo lo bueno que piensas sobre él. Esto elevará su estado de ánimo y lo ayudará a pensar de forma más positiva.

Reúnete con tus amigos o seres queridos para ver la película *Matrix* o la serie *Sense8*: ambas tratan sobre el poder de los pensamientos y los sentimientos y la naturaleza interconectada de todas las ideas y emociones que se producen en todas las mentes y corazones. Comentad hasta qué punto podéis sintonizar con los pensamientos y sentimientos de los demás. Hablad de en qué medida cada uno de vosotros siente que sus pensamientos no son suyos.

Pide a algunas personas importantes en tu vida que reflexionen sobre estas preguntas: ¿de qué temas te oyen hablar más a menudo? ¿Creen que hay algunos asuntos sobre los que podrías hablar más?

Arriésgate

Escoge una opinión muy arraigada en tu vida. Dedica tres días a esforzarte por verla desde el punto de vista opuesto. Experimenta esto como una práctica intencionada y vuelve a hacerlo a menudo. Este ejercicio te ayudará a meterte en la cabeza y los pensamientos de alguien que piensa de forma muy diferente a ti. Cuando hayan pasado los tres días, escribe una página sobre lo que has aprendido y cómo puede mejorar tu punto de vista.

Reflexiona

Dedica unas horas a estudiar las letras de las canciones que te gustan. Descubre qué tienen en común todas ellas. Deja que esto te muestre cómo puedes estar alimentando subconscientemente patrones de pensamiento que ya no te sirven o que, por el contrario, te importan.

Preguntas para el círculo de conversación

Reúnete con una o más personas que hayan leído este capítulo. Escoged un tema de conversación que todos hayáis acordado (ver la nota de «Preguntas para el círculo de conversación» en el capítulo dos). Pedid a cada uno que responda, por turno, a las siguientes preguntas, de una en una. Aseguraos de que no haya conversaciones cruzadas ni secundarias; este es un momento para hablar sin distracciones ni interrupciones. Antes de empezar, estableced el acuerdo de mantener la confidencialidad de lo que se diga en el círculo, escuchar con atención, hablar con espontaneidad y tener en cuenta el tiempo para que todos cuenten con la oportunidad de responder a cada pregunta.

1. ¿Qué pensamientos te hacen más feliz? ¿En qué momento de tu vida te centraste más en esos pensamientos?
2. ¿Qué pensamientos te perturban? ¿Qué circunstancias despiertan esos pensamientos?
3. ¿Qué palabras te brindan paz? ¿Con qué frecuencia las utilizas?
4. ¿Qué palabras te llegan al alma cuando las pronuncias en voz alta? ¿Por qué?
5. Cuenta a cada persona del grupo al menos dos cosas positivas que pienses de ella.
6. ¿Cuál es para ti la forma más fácil de despejar la mente y centrarte en la gratitud?

La belleza es lo único que el tiempo no puede dañar. Las filosofías se desmoronan como si fueran de arena, los credos se suceden unos a otros, pero lo bello es una alegría para todas las estaciones, una posesión para toda la eternidad.

OSCAR WILDE

Deja que la belleza de lo que amas sea lo que haces.

RUMI

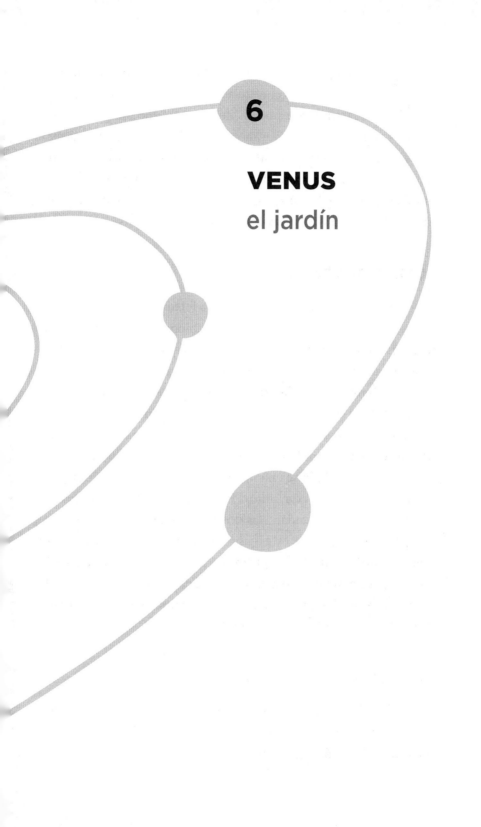

6

VENUS
el jardín

Venus representa el amor y la belleza. Su ubicación influye en el deseo de tener relaciones sociales y sentimentales, en la atracción por los demás y en que estos se sientan atraídos por ti. Siempre que nos atraen las aficiones artísticas y otros placeres sensuales y estéticos, Venus está en escena. Representa el principio femenino, la expresión de la feminidad en la carta astral de cada uno. La búsqueda de la armonía en cualquier área de tu mundo o de tu vida también está regida por Venus.

EL MITO DE VENUS

Venus era la antigua diosa romana de la fertilidad, el sexo, el amor y la belleza. En su ámbito se incluía también cualquier tipo de victoria, así como la prostitución. Entre sus amantes figuraban Vulcano (su marido) y Marte; con este tuvo varios hijos, entre ellos, Timor, el temible y los Cupidos, famosos por representar aspectos del amor en la pintura y la escultura clásicas. Su equivalente en la mitología griega es Afrodita, quien se dice que fue madre de Príapo, una deidad menor famosa por su enorme falo. Afrodita no solo amó a dioses, también se enamoró de mortales, como Adonis, por cuyo afecto compitió con la diosa Perséfone. (Zeus finalmente tuvo que intervenir para ayudar a las dos diosas a negociar un plan para compartir a Adonis, que este ignoró para pasar la mayor parte de su tiempo con Afrodita, hasta que murió al ser atacado por un jabalí). Un romance con otro mortal, Anquises, dio lugar al nacimiento de un hijo, Eneas, del que se dice que es antepasado de Julio César y de los fundadores de Roma, Rómulo y Remo.

EL JARDÍN

Un jardín idílico tiene un despliegue variado de colores y formas y hace honor a los ciclos naturales de la semilla: el brote, el crecimiento, la floración y la decadencia.

Cuando se planta adecuadamente y se colocan las plantas de la forma más bella y simbiótica, el jardín permite la interdependencia entre las especies de plantas y flores. En un jardín así, las plantas pueden apoyarse unas a otras, al igual que a las demás criaturas del entorno, como las polinizadoras, las esparcidoras de semillas y las compostadoras.

La belleza del jardín no radica únicamente en sus elementos individuales, sino en el conjunto. Solo brilla si lo cuidamos de forma impecable y tenemos en cuenta la necesidad de nutrir, podar y cultivar. Con este tipo de cuidados, la posición de Venus en la carta astral alumbrará tu propio brillo y beneficiará a todos los que se encuentren en tu contexto y proximidad.

VENUS EN LOS SIGNOS

El signo en el que Venus se sitúa en tu carta influye en tus deseos, tu apreciación de la belleza y tu deseo de crearla y cultivarla. La ubicación de Venus también refleja lo que valoras y, por lo tanto, lo que te atrae.

Venus en Aries

Las personas con este emplazamiento tienen la extraordinaria capacidad de controlar sus propios deseos y necesidades, o, al contrario, una tendencia a las preocupaciones obsesivas. El ardiente dinamismo de Aries aporta valor y voluntad de actuar con decisión en las relaciones. La fuerza de este emplazamiento puede predisponer a la acción y a comportarse y reaccionar a veces como «un elefante en una cacharrería»; para cultivar su lado más evolucionado es necesario desarrollar la capacidad de mantener y dirigir su energía de forma productiva.

PRIMITIVO. Quieres lo que quieres y en el mismo momento en que lo quieres. Si te sirve, ¡genial! Si no, no te interesa. Estás obsesionado con tu imagen y necesitas que te admiren y aprecien tu independencia. Si los demás no hacen lo que quieres, buscarás la manera de llevarlo a cabo tú mismo.

ADAPTATIVO. Representas el ideal femenino de la valentía. Tu objetivo en las relaciones es sacar a relucir tu autonomía y la del otro, una autonomía que os haga mejores a ambos. Estás dispuesto a defender a los menos afortunados porque tienes la fuerza y la convicción de ver la solución de la situación actual. Puedes convencer a otros de que se valoren, aunque duden de su propia valía.

EVOLUTIVO. Te pones al frente, en la línea de fuego, para crear armonía y justicia social. Nada te detendrá en tu empeño por garantizar que los derechos de los demás sean protegidos y valorados. En las relaciones, adoptas una postura clara de autovaloración y compasión. Eres un ejemplo de poder sereno y reflexivo.

Venus en Tauro

A la profunda sensualidad de Tauro no le importa tomarse las cosas con calma. Aquí hay un gran potencial para la presencia y el disfrute de la belleza en cada momento, especialmente la belleza que se encuentra en el mundo natural o que proviene de él. Sin embargo, si no se satisfacen las necesidades materiales básicas, este emplazamiento puede predisponernos a la obsesión con tener cada vez más.

PRIMITIVO. Tu llamada de atención: «¡Dame más regalos, maldita sea!». No tienes suficientes joyas. No tienes suficientes juguetes. Y nadie te interesa de verdad, a menos que tenga mucho dinero. En una relación cambias la autoestima por la seguridad.

ADAPTATIVO. Sabes crear una sensación de belleza y armonía en tus conexiones. Tu naturaleza sensual y apreciativa impregna el ambiente como un jardín de las delicias escondido. Tu lealtad y perseverancia con tus seres queridos no tiene límites.

EVOLUTIVO. Defiendes la ecología del planeta y la sana ecología de las relaciones recíprocas. Para ti todo guarda relación con traer el cielo a la Tierra. Tu deseo de belleza supera lo personal y pasa a ser un medio para que todos se relacionen con sus propias naturalezas hermosas.

Althea, que tiene a Venus en Tauro, creció en un barrio urbano pobre, pero fue al colegio con un grupo de chicas muy privilegiadas. Envidiaba su ropa de diseño, sus marcas y sus bolsos.

Siempre sintió que carecía de belleza. Sin embargo, con la ayuda de su mentor, comprendió que tenía un profundo deseo de crear esta cualidad en su propia vida y en sus propios términos. Consiguió el GED* y empezó a estudiar diseño y moda. Su máxima expresión de Venus en Tauro fue el desarrollo de una línea de moda única que dona la mitad de sus beneficios a mujeres jóvenes que necesitan ropa para fiestas de graduación y otros eventos importantes.

Venus en Géminis

El signo de Géminis le aporta al planeta Venus una tendencia a la abstracción y al progreso, una combinación que puede significar flexibilidad aérea y adaptabilidad o bien distracción y dispersión.

---

* N. del T.: General Educational Development Test ('examen de desarrollo de educación general') es una certificación de la escuela preparatoria estadounidense.

PRIMITIVO. «¿Me gustas? ¿No me gustas? Soy incapaz de decidirme». Este es el sabor de Venus en Géminis. Siempre piensas que la hierba es mucho más verde en el jardín del vecino. Una vez fuiste gay, pero ahora eres *bi*, aunque en realidad, lo que de verdad eres es heterosexual. Es posible que tengas un plan estupendo que te entusiasma, pero en cuanto recibes una oferta mejor, dices: «Lo siento, no puedo ir».

ADAPTATIVO. Tu razón de ser son las conversaciones importantes. Reúnes a gente diversa para explorar el valor de la interconexión. Posees una amplia base de conocimientos sobre estilos de relación y te resulta fácil conectar con las necesidades relacionales fundamentales de los demás.

EVOLUTIVO. Puedes hablar y escribir magistralmente sobre la importancia de la interdependencia y la intimidad. Eres un consultor fiable para los grupos que trabajan con el fin de crear un diálogo rico y enriquecedor para todos.

Venus en Cáncer

Con este emplazamiento, las relaciones son una fuente de alimento emocional enriquecedor o, por el contrario, desencadenan el mal humor y la susceptibilidad. El yo sentimental de las personas con Venus en Cáncer está en primer plano cuando toman decisiones sobre las relaciones y sobre la creación de belleza y armonía en su entorno. Quizá las emociones estén a flor de piel; en ocasiones, cuando los nativos de Venus en Cáncer pierden de vista el bien común y su papel en la consecución de este, se sienten arrastrados por sus propias necesidades.

PRIMITIVO. Buscas a tu mami en quienes te rodean. *La verdad es que es lo único que necesitas, una mamá.* ¿Por qué iban a tener necesidades los demás? Si en las relaciones no te sales con la tuya, habrá que aguantar tus lloriqueos y rabietas. Te guardas para ti tus sentimientos y así evitas cualquier responsabilidad que puedas tener en la relación.

ADAPTATIVO. Canalizas la energía de la Madre divina para los demás y para ti mismo. Tu capacidad para ver las vulnerabilidades y necesidades básicas de otros está muy desarrollada. Contigo, los demás encuentran un refugio seguro en el que pueden confiar en tu fiabilidad y solidez emocional.

EVOLUTIVO. Muchos acuden a ti para recibir ese amor puro y enriquecedor que das, que les permite sacar lo mejor de sí mismos. Estimulas la capacidad de los demás para convertirse en cuidadores. En el regazo de tus exquisitos cuidados, los individuos y los grupos se sienten confiados, unidos e inspirados. Tu casa o tu entorno es un santuario; muchas personas encuentran refugio allí para sanar sus delicados cuerpos animales.

Leah, que tiene Venus en Cáncer, perdió a su madre cuando era muy pequeña. Se aferró desesperadamente a otras mujeres en calidad de amigas y figuras maternas que constituían una fuente de seguridad para ella. Tras realizar un profundo trabajo personal en torno a su pérdida, se convirtió en una de las mejores sanadoras para ayudar a otros a superar sus problemas con su madre. En su vida personal, sus amigos cuentan con ella para crear ambientes hogareños cálidos, reconfortantes y acogedores.

Venus en Leo

Este emplazamiento sugiere vitalidad, lealtad, calidez, alegría y generosidad. Los que tienen Venus en Leo son coquetos y no se avergüenzan de mostrar al mundo (especialmente a sus seres queridos) sus increíbles cualidades. Su creatividad y su entusiasmo encuentran una gran expresión en el cortejo y el romance. Cuando esto no se canaliza correctamente, las personas con este emplazamiento pueden tener expectativas excesivamente altas sobre cómo deberían cortejarlas y atenderlas los demás; en lugar de hacer que otros se sientan el centro de su atención, necesitan ser los auténticos protagonistas.

PRIMITIVO. ¡Insistes en que los demás se limiten a dejarse deslumbrar por ti! Todo se estropea en el momento en que te quitan los ojos de encima un segundo, porque tú eres la estrella de la relación. Cuando alguien está contigo, tu sola presencia es suficiente: es como vivir a diario la película *Ha nacido una estrella*. El drama de la relación te parece mucho más entretenido que llevarse bien. Es posible que la expresión *prima donna/primo uomo* se haya inventado por ti.

ADAPTATIVO. Tu sincera capacidad para percibir las necesidades y los deseos de otros te ayuda a sentirte inspirado y unido. Eres capaz de unirte a las capacidades creativas y amorosas más elevadas de los demás y de hacer aflorar el romanticismo en la vida cotidiana. Puedes tejer una historia de amor a partir de casi cualquier cosa, y te ocupas de incluir en ella al otro como protagonista.

EVOLUTIVO. Eres el alma de las amistades, relaciones y organizaciones de las que formas parte. La gente se siente increíblemente querida y aceptada en tu presencia. Nota como su corazón se expande y se va volviendo más abierta.

Venus en Virgo

La autocrítica que puede venir con las ubicaciones de Virgo podría proyectarse en las relaciones, haciendo difícil fluir en el amor y permitir que otros entren plenamente en tu corazón. En lugar de dejarse llevar por las expresiones del romance, el «lenguaje del amor» de la persona de Venus en Virgo se suele centrar más en el refinamiento de los pequeños detalles, en hacerlo bien más que en disfrutar del viaje en sí.

PRIMITIVO. Tienes el deber de decirles a los que se encuentran en una relación todo lo que están haciendo mal. Eres un maestro en encontrar el talón de Aquiles de los demás y darles patadas allí donde más les duele. A veces tu postura es que ninguna relación va a ser lo suficientemente buena para ti, y por lo tanto no hace falta que aparezca nadie. Una vez que has seducido por completo a tu pareja, te dedicas a demostrarle, en todos los sentidos, que no está a tu altura. Eres despiadadamente autocrítico con tu propia apariencia, y te destrozas regularmente por los defectos, tanto grandes como pequeños, que percibes en ti.

ADAPTATIVO. Empiezas a mostrarte como un maestro de relaciones elevadas. Llegas a comprender que tus poderes para servir son mayores que cualquier imperfección que veas en ti o en otros. Tu fe en la capacidad de los demás para manejar sus propios asuntos crece más allá de cualquier limitación impuesta por la mente.

EVOLUTIVO. Realizas con humildad cualquier tarea, por insignificante que sea, para servir al mayor bien de la relación. Comprendes que cada aparente error es la puerta a una gran oportunidad de entendimiento entre todos. La gente te pide consejo para que le recuerdes la belleza del ciclo vital y las formas en que todos nos conectamos con él.

Katherine, con Venus en Virgo, creció con una madre imposible de complacer. Los cánones de belleza, compostura y comportamiento de Katherine eran inalcanzables. Esto la llevó a elegir en su primer matrimonio a alguien que la criticaba sin piedad. Al divorciarse de él, Katherine se dio por fin cuenta de que no tenía sentido ser perfecta. La perfección no solo era imposible de alcanzar, sino que tampoco tenía ningún valor en una verdadera relación amorosa. Durante un periodo en el que permaneció soltera a propósito, Katherine fortaleció su sentido del amor propio y de la autoestima lo suficiente como para poder atraer y elegir a alguien que amara también sus debilidades y defectos y que reconociera la importancia de esta aceptación amorosa en su propia felicidad.

Venus en Libra

La amabilidad, la justicia y la voluntad de compromiso son características de Venus en Libra. Venus es el regente planetario de Libra, por lo que es una ubicación fácil. Puede allanar el camino para una convivencia pacífica y armoniosa durante toda la vida. La desventaja quizá sea la tendencia a tratar de hacer o mantener la paz y la armonía de una relación, incluso a expensas de no profundizar en los asuntos individuales importantes: dar prioridad al otro y al vínculo de pareja por encima de las propias necesidades.

PRIMITIVO. «¿Qué piensas de mí? No, de verdad. ¿Qué te parezco? ¿Cómo me ves? ¿Estoy guapo? Espera… Podría estar mucho mejor». Nunca te sientes seguro de estar haciendo, diciendo o siendo lo suficiente para ser la pareja perfecta. Con tal de gustar eres capaz de decir o hacer lo que sea. Te centras excesivamente en tu aspecto, y compras todos los productos cosméticos que encuentras con el fin de convertirte en un dechado de belleza y refinamiento.

ADAPTATIVO. Tu perspectiva extraordinariamente equilibrada te permite a ti y a tu(s) pareja(s) mantener un profundo diálogo sobre cualquier asunto de la relación. Tienes una capacidad de mediación acorde con tus valores de paz y armonía en las relaciones. Aceptas tu don divino de la belleza como un tesoro que hay que cuidar de forma sana y natural.

EVOLUTIVO. Transmites belleza, armonía y calma. Los demás confían en tu fino humor e ingenio para suavizar los conflictos. Tus aportaciones de aire fresco les permiten a todos detenerse y reflexionar sobre su propia naturaleza.

Venus en Escorpio

Con este emplazamiento, lo que más importa en las relaciones es la profundidad, la intensidad y la pasión. Los nativos de Venus en Escorpio están dispuestos a decir o hacer lo necesario para crear una conexión profunda y preparados para adentrarse en las profundidades más oscuras con tal de permanecer con sus seres queridos.

El honor de tener a Venus en Escorpio radica en cultivar un sentido de permanencia en lo impermanente. Quienes tienen este emplazamiento pueden ser los amigos y amantes más leales, devotos e incondicionales.

PRIMITIVO. Para ti, «hasta que la muerte nos separe» significa «te mataré si hace falta». Encuentras un extraño encanto en el descenso mutuo a la degeneración, y te ves reflejado en historias tristes sobre pasiones destructivas como las de *Leaving Las Vegas* y *Sid y Nancy*.

Nadie te supera en capacidad para guardar rencor y sufrir en silencio de forma vengativa. Contigo, la posesión se eleva a una forma de arte. Es mejor *no* contrariarte.

ADAPTATIVO. Nada puede impedirte amar a tus seres queridos con una compasión completa y transformadora. Tu compromiso sin egoísmo con el amor invita a los demás a darse cuenta de que no hay nada más precioso en esta Tierra que el cariño que nos une. Enseñas a los demás a tomar las emociones más difíciles y convertirlas en abono para el florecimiento del amor propio y la comprensión.

EVOLUTIVO. Superas obstáculos insalvables para demostrar tu amor por tus seres queridos. Ninguna tormenta, ningún linchamiento en las redes ni ningún otro obstáculo pueden apartarte de tu eterna devoción por un amor superior. Ayudas a muchos a beneficiarse de tu invencible dedicación a la comunidad y a la inclusión.

Venus en Sagitario

Este emplazamiento puede preparar al individuo para relaciones atrevidas, extraordinarias y alegres. La persona con Venus en Sagitario tiende al crecimiento y a la expansión a través de las relaciones y le encanta divertirse con otros que comparten los mismos objetivos. Puede significar la necesidad de más espacio en las relaciones o la dificultad para comprometerse totalmente con alguien. Este emplazamiento confiere el anhelo de encontrar el sentido de la vida y una búsqueda constante del conocimiento.

PRIMITIVO. Prefieres quedarte de fiesta hasta caer rendido a tener una conversación profunda, y tienes cero paciencia con cualquiera que intente cortarte la diversión. Embarcas a los demás en aventuras arriesgadas, y te burlas de cualquiera que no tenga los *cojones*[*] de seguirte. A quien quiera ser tu pareja le dices de entrada que no puede esperar que le seas fiel o leal; si te quiere, tendrá que vivir el juego del amor a tu manera.

---

[*] N. del T.: En castellano en el original.

No te importan demasiado los estragos que dejan atrás tus días y noches de diversión, ya que estás demasiado atrapado por el encanto de la libertad.

ADAPTATIVO. Reconoces la importancia del compromiso y la reciprocidad en las relaciones amorosas. Sabes que vas a tener que tomarte las cosas con calma y estar presente con tus seres queridos si quieres cosechar las recompensas de un amor duradero. Empiezas a poner en práctica estrategias específicas para las relaciones, tal vez aprendidas de un terapeuta, entrenador o taller, o de uno de los muchos y excelentes libros sobre el tema.

EVOLUTIVO. Entiendes que la belleza viene en envases grandes y pequeños y que la otra cara de la libertad total es el anhelo de una intimidad profunda. A medida que cultivas la capacidad de concentrar tus considerables energías en una escala más reducida, descubres que las relaciones íntimas pueden mantener su pasión si las manejas con sumo cuidado. Sigues divirtiéndote y aventurándote escapadas, seminarios, fiestas y celebraciones pero en lugar de conducir el autobús de la fiesta hacia el precipicio, empleas tu fuerza y carisma en ayudar a que todos se sientan seguros *y* apreciados.

Marco tiene Venus en Sagitario. Creció en una granja, correteando libremente como un potro durante toda su infancia. Viajó bastante con su familia y, a los dieciocho años, ya había tenido tres amantes en tres países extranjeros. Su mayor problema era su conflicto entre el deseo de relaciones amorosas profundas y significativas y el de gozar de la máxima libertad para no sentirse atado. Marco tardó cincuenta años en darse cuenta de que la verdadera libertad consistía en la capacidad de comprometerse con una sola persona y experimentar la profundidad de la sabiduría, la sensualidad y la intimidad cuando la libertad llega a través de la autoexpresión y no de diversas parejas.

Venus en Capricornio

Bien canalizado, este emplazamiento puede significar la determinación firme de servir y apoyar a otros en las relaciones; en particular, se puede contar con la persona de Venus en Capricornio como una fuerza terrenal y estable en cualquier tormenta emocional, que ayuda a guiar el barco de la relación íntima hacia un puerto seguro. Aquí el desafío consiste en ser capaz de proteger en lugar de utilizar y guiar en lugar de manipular.

PRIMITIVO. Demuestras tu valía haciéndote ver con personas importantes y procurando que se hable de ello. Siempre que te encuentras con alguien famoso, procuras su afecto descaradamente para justificar tu existencia. Cambias tu autoestima por una posición de alto estatus, y este es el sentimiento más cercano que tienes al verdadero amor. No amas a los demás; amas lo que pueden hacer por ti. Los artículos de diseño, como los cinturones de Hermes y los bolsos de Prada, son el precio de tu afecto.

ADAPTATIVO. Tienes un compromiso ético y honesto con el amor, y la sincera admiración que sientes por tu pareja la anima a dar lo mejor de sí misma. A medida que aumenta tu autoestima, dejas de prestar tanta atención a las apariencias al valorar tus relaciones. Tus exigencias de reciprocidad emocional son elevadas, y harás lo que sea para preservar tus relaciones íntimas, especialmente si te has comprometido.

EVOLUTIVO. Tus valores en las relaciones son sólidos y firmes como una montaña. Tus amigos y familiares te ven como el tierno defensor de la más hermosa visión de la conexión amorosa. Vives tus logros con una humildad y una elegancia que permiten a los demás brillar, y utilizas tu considerable influencia y recursos para elevarlos. La gente comenta lo fiable y seguro que es tu amor, en las buenas y en las malas.

Venus en Acuario

A través de la mirada de Acuario, Venus quiere expresarse en las relaciones en el ámbito de la comunidad, para difundir su amorosa visión de conjunto en beneficio del mayor número posible de individuos. Venus en Acuario sabe que, más allá de las relaciones interpersonales (pareja) o del hogar unipersonal, existe todo un universo de potencial para la interrelación que sigue su propio conjunto de reglas.

PRIMITIVO. No puedes decidir qué cien personas te gustan más. Tu necesidad de no ser convencional te impide mostrarte vulnerable y comprometerte. ¿Reglas? ¿Qué reglas? Simplemente vives el amor como te da la gana, sin pararte a pensar en los sentimientos de los demás. Cuando te presionan para tener más intimidad, te buscas a otra persona para que te acaricie. Cuanto más morbosa sea la relación, mejor.

ADAPTATIVO. La amistad alcanza nuevas cotas con este emplazamiento. El tipo de amor que practicas es de tipo ágape; una forma de entender las relaciones amorosas que permite que los otros se sientan completamente aceptados y apreciados en todas sus facetas. Tu abrazo asegura a los demás que son las estrellas de sus propios universos expandidos. La lealtad es la piedra angular de tus valores relacionales. Acoges de buen grado las conversaciones respetuosas sobre la expresión plena y positiva de uno mismo.

EVOLUTIVO. Tu asombrosa habilidad para intuir las necesidades de los otros te lleva a forjar lazos con ellos para crear una comunidad amorosa. Tu afinidad con todo tipo de personas confirma tu búsqueda para llevar el amor a un terreno más elevado. Tu comunidad te conoce como un guía amoroso que defiende la democracia y la igualdad. Derramas tu afecto con facilidad y sinceridad; cuando emana de ti, lo llena todo de luz.

Lydia, cuyo Venus está en Acuario, creció en un hogar conservador. Sus padres querían que a los veinte años estuviera casada y que a los treinta tuviera tres niños. Sin embargo, ella no creía en nada de esto. Cuando fue a la escuela en el norte de California, descubrió que sentía una inclinación radical por las relaciones no monógamas. Formó parte de una comunidad poliamorosa consciente y encontró su verdadera felicidad trabajando activamente en un espacio de relaciones equitativas, no posesivas y abiertas. Luego se convirtió en una pionera del *podcasting* que se dedica a divulgar la ética, los aspectos prácticos y el éxtasis potencial de vivir un estilo de vida poliamoroso.

Venus en Piscis

El acuoso y soñador Piscis ama el amor y la intimidad sin límites; este emplazamiento hace posible fantásticos vuelos de fantasía romántica sin principio ni fin, fantasías que pueden resultar más atractivas en el reino imaginario que en el mundo real de los seres humanos. Aporta una intensa vulnerabilidad emocional y una conexión no solo con los más allegados sino con toda la creación. Ser una caja de resonancia humana para el amor y la pasión universales puede ser confuso y agotador, lo que quizá lo lleve a caer en el victimismo o en la adicción.

PRIMITIVO. Tus fantasías románticas te impiden hacer muchas cosas, por ejemplo tener una conexión real. No quieres estar con otro a menos que te rescate de ti mismo. Prefieres ahogarte en las adicciones que esforzarte de verdad por conseguir la intimidad. Es como si dijeras: «No me molestes, me voy a pasar la vida entera durmiendo. De todas formas, nadie podría ser nunca el príncipe o la princesa azul que necesito».

ADAPTATIVO. Tu capacidad de empatía es extraordinaria. Tu ideal del amor abarca los puntos débiles y también las facetas desagradables, tanto las tuyas como las de los demás. Tu calidez sana los corazones y crea la posibilidad de una intensa ternura. Los demás cuentan contigo para llegar hasta el final porque sabes lo que puede hacer el amor incondicional.

EVOLUTIVO. A través de tu mirada, otros pueden ver que el mundo es capaz de vivir como si todos fuéramos uno. Tu corazón sereno desprende calma y contención. Hay quienes encuentran en ti el refugio del verdadero santuario espiritual, donde la mente se aquieta y el corazón se expande. La gente se reúne a tu alrededor para dejar de lado las defensas y fundirse en el poder de la misericordia.

Prácticas para Venus ···

Sumérgete

Haz un gráfico de tu vida amorosa, describiendo sus altibajos desde sus inicios hasta la actualidad. Junto a los puntos altos, describe qué combinación de factores creó ese estado de felicidad; junto a los puntos bajos, nombra las circunstancias dolorosas que contribuyeron a ello.

Ahora, reescribe tu historia como si cada momento alto y bajo se te hubiera ofrecido de manera perfecta para convertirte en la persona que eres hoy. Vuelve a contar la historia, llegando al momento presente como la culminación de todo tu aprendizaje.

Relaciónate

Reúnete con un ser querido o un amigo y salid a buscar el tesoro de Venus en silencio. Cada uno de vosotros debería volver con seis símbolos de felicidad en la relación.

Tomaos un té y hablad de vuestros hallazgos, en particular de cómo se relacionan con vuestra frecuencia más elevada de amor.

Arriésgate

Atrévete a decirle a alguien lo mucho que lo valoras, sin necesitar nada a cambio. Hazle saber por qué te importa tanto y pregúntale: «¿Cómo puede servirte mi amor?». La clave es ofrecerlo sin tener en cuenta la reciprocidad.

Reflexiona

Mira las siguientes historias de amor cinematográficas, cada una de las cuales muestra diferentes facetas del amor romántico:

- *Memorias de África.*
- *Jerry Maguire.*
- *Ha nacido una estrella* (versión de 2018).

Comenta qué personaje se parece más a ti en el amor y por qué.

Preguntas para el círculo de conversación

Reúnete con una o más personas que hayan leído este capítulo. Escoged un tema de conversación que todos hayáis acordado (ver la nota de «Preguntas para el círculo de conversación» en el capítulo dos). Pedid a cada uno que responda, por turno, a las siguientes preguntas, de una en una. Aseguraos de que no haya conversaciones cruzadas o paralelas; este es un momento para hablar sin distracciones ni interrupciones. Antes de empezar, estableced el acuerdo de mantener la confidencialidad de lo que se diga en el círculo, escuchar con atención, hablar con espontaneidad y tener en cuenta el tiempo para que todos cuenten con la oportunidad de responder a cada pregunta.

1. ¿Cuál es tu manera favorita de expresar el amor en una relación íntima?
2. ¿Cómo te gusta más que te expresen el amor en una relación íntima?
3. ¿Te sientes mejor dando todo tu amor a una sola pareja íntima, o te sientes mejor repartiéndolo? ¿Qué retos han surgido como consecuencia de tus tendencias?
4. Habla de tu propia posición de Venus. ¿Te encuentras en el espacio primitivo, adaptativo o evolutivo? ¿Qué acciones o cambios internos podrían ayudarte a expresarte mejor?
5. Recorre el círculo y pídele a cada persona que dé las gracias a quien tiene a su izquierda. Menciona específicamente de qué manera son bellas, equilibradas y armoniosas o la forma en que expresan la belleza, el equilibrio y la armonía.

Algún día, cuando hayamos dominado los vientos, las olas, las mareas y la gravedad, aprovecharemos para Dios las energías del amor. Entonces, por segunda vez en la historia del mundo, la humanidad habrá descubierto el fuego.

PIERRE TEILHARD DE CHARDIN

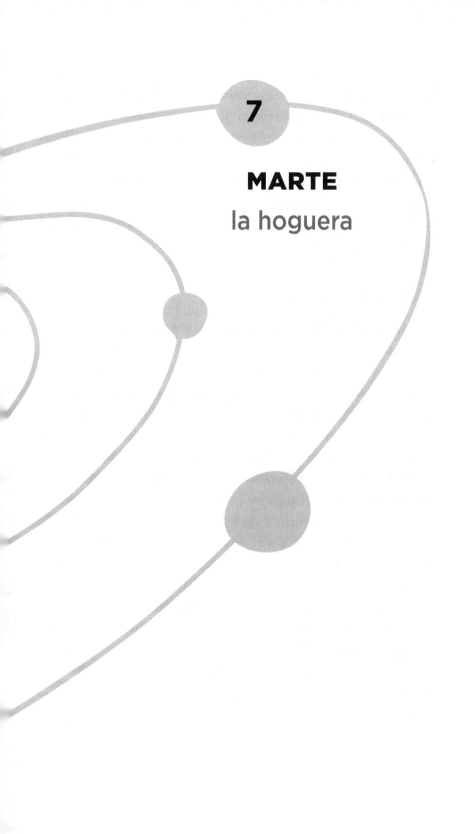

7

MARTE

la hoguera

El arquetipo de Marte tiene que ver con la acción, la afirmación, lo masculino y el avance hacia los objetivos y los logros. Aporta la valentía y la inspiración necesarias para arriesgarnos a ir más allá del territorio conocido con el fin de alcanzar un bien superior. En su expresión más destructiva, Marte trae consigo impulsos y pulsiones agresivos y guerreros; en su expresión constructiva y positiva, inspira una acción fuerte y segura hacia la construcción de un mundo mejor para nosotros y para los demás.

EL MITO DE MARTE

La antigua mitología romana celebraba a Marte como dios de la guerra y patrón de la agricultura. Hijo de Júpiter y Juno (o, según algunas versiones de la historia, únicamente de Juno, a través de una forma de concepción inmaculada que incluía una flor muy especial), Marte encarnaba la virilidad y el poder militar orientados hacia el objetivo final de crear una paz segura. La loba era un símbolo común de Marte en el arte y la literatura romanos. Las fiestas en honor a Marte se celebraban en su mes homónimo (*Martius*, o marzo), una época del año que se encontraba al final de la temporada agrícola, un momento ideal para lanzar campañas militares. Se creía que Marte era el padre de Rómulo y Remo, los fundadores gemelos de Roma; se cuenta que fueron concebidos cuando Marte violó a una virgen vestal dormida, Silvia.

Fue un dios muy importante en la tradición mítica romana, y se construyeron muchos templos y altares en su honor en todo el Imperio romano. El equivalente griego de Marte, Ares, era el homónimo del signo astrológico Aries. Marte era considerado un defensor cabal de las fronteras de Roma y del modo de vida romano.

LA HOGUERA

Una hoguera es una celebración del elemento iluminador, fascinante, inspirador y potencialmente peligroso del fuego. Representa el poder de los seres humanos para canalizar este recurso y utilizarlo para el bien común. En las reuniones de la comunidad, la hoguera simboliza el esfuerzo colectivo, ganado a pulso. La hoguera nos recuerda que cuando nos desempeñamos con total firmeza, valentía y excelencia en una tarea, nuestros logros trascienden el interés individual para servir al bien colectivo.

La fuerza y el dinamismo de la hoguera nos recuerdan que hemos de actuar con coraje y alcanzar logros que sirvan a los intereses e inquietudes de la comunidad. Visto de este modo, el arquetipo de Marte consiste en avivar el fuego interior para vencer los miedos y realizar actos audaces en nombre de la evolución colectiva interconectada.

MARTE EN LOS SIGNOS

La ubicación de Marte en los signos revela la forma en que expresamos nuestra fuerza de voluntad, ejercemos nuestro poder y conseguimos resultados. También puede ayudarnos a comprender nuestra tendencia a la agresividad (o la ausencia de esta) y las formas particulares en que se expresa nuestra libido.

Marte en Aries

Marte en Aries puede conferir una extraordinaria energía y un poder iniciático. Hay pocas ubicaciones mejores que esta para hacer algo. Aunque seguramente este emplazamiento nos resulte cómodo, a veces supone un reto para el manejo de la agresividad y la impulsividad. Podría traer consigo hábitos de inquietud, inmadurez, el deseo de *actuar* (posiblemente antes de reflexionar) y una tendencia a lanzarse al ataque antes de que los demás estén preparados para hacerlo.

PRIMITIVO. ¡Vaya por Dios, has derribado a otro jugador! ¿Sabes qué? Se lo merecía. Si no hace las cosas *a tu manera*, mejor que se quede en su casa. Tomas lo que quieres, cuando quieres. No necesitas que nadie te dé permiso para hacerlo. ¿Qué es lo que mejor se te da? Empujar, empujar y empujar... y luego, arrasar con cualquiera o con cualquier cosa que no capte la indirecta y se aparte de tu camino.

ADAPTATIVO. Te esfuerzas por tu equipo o en nombre de tu causa. Aplicas tu gran energía para subir tu propio listón y el de los demás, y se puede contar contigo para sacrificarte por el equipo y destacar en la lucha como ejemplo de honor y coraje.

Consciente de tu tendencia a seguir avanzando sin el consentimiento de otros, aplicas parte de tu prodigiosa energía en asegurarte de que todos estén de acuerdo con la dirección que están tomando los acontecimientos, *antes* de tomar cualquier decisión que los afecte. Incluso empiezas a ver que la firmeza de los demás aviva tu fuego interior. Comprendes que te beneficia unir fuerzas con otros para hacer realidad una visión a largo plazo.

EVOLUTIVO. Tu corazón valiente refleja la posibilidad de realizar actos sinceros y nobles en nombre de la comunidad. El fuego que arde con fuerza en tu interior se convierte en una señal radiante y una fuente de energía para los demás, en lugar de en una tormenta de fuego. La gente acude a ti para que los ayudes a encontrar su valor para emprender acciones que antes ni siquiera podían imaginar. Donde otros ven barreras insuperables para una comunidad sostenible y equitativa, tú ves un reto que merece la pena asumir. Tu nuevo lema: «¡Todos para uno y uno para todos!».

Pat, con Marte en Aries, creció en una familia militar en la que la agresividad se consideraba una fortaleza fundamental. Se esforzó por destacar en los deportes de competición. Se le daba muy bien el fútbol y el baloncesto, y en su grupo de amigos era un líder que solía organizar aventuras arriesgadas. Se burlaba y se mofaba de cualquiera que expresara cautela o se negara a seguir a su tribu. Esta forma de actuar le sirvió durante la universidad, donde destacó como un atleta estrella, y durante sus primeros años en el mundo empresarial como joven profesional, en los que rápidamente se abrió camino hasta el puesto más alto de su equipo de ventas. Su dura resolución acobardaba a cualquiera que se mostrara mínimamente confiado o inseguro, y su éxito económico parecía respaldar su creencia de que la vulnerabilidad era una debilidad.

Entonces conoció a Vanessa, una joven enérgica que procedía de un entorno muy diferente. Estaba absolutamente enamorado de ella, y ella de él. Pero a medida que profundizaban en su relación y se planteaban la posibilidad de casarse, ella empezó a insistir en que no le gustaba su forma de entender la vida, en plan «quítate de en medio y déjame hacer a mí». Se sentía sutilmente intimidada y manipulada y sabía que, a la larga, no podría tolerarlo; no lo veía como el futuro padre de sus hijos.

Con la clásica energía de Marte en Aries, Pat se lanzó a buscar formas de transformar la «programación» que había recibido de su familia. Se esforzó al máximo para aprender mejores habilidades relacionales: para prestar atención y apreciar a los demás y para controlar su impulsividad e impaciencia cuando era necesario escuchar a otros. En el proceso de aprender a ser el hombre que quería ser en sus relaciones, reconoció que el mejor uso de su extraordinario poder físico era construir cosas que importaran a otras personas. Se convirtió en uno de los principales líderes de construcción de *Habitat for Humanity International*.*

---

* N. del T.: *Hábitat para la Humanidad* es una organización sin ánimo de lucro. Construye a nivel internacional viviendas sencillas, dignas y fáciles de mantener, para personas de escasos recursos.

Marte en Tauro

Tauro asienta la energía impulsora de Marte en la quietud terrenal. Su enfoque en las preocupaciones materiales y los placeres sensuales puede crear estancamiento, egoísmo y rechazo: una resistencia al impulso y los deseos de acción de este arquetipo. Para canalizar evolutivamente este emplazamiento hay que centrarse de forma consciente en desarrollar la propia voluntad de actuar y crear, en lugar de quedarse atascado en los placeres del momento presente. Una vez que el individuo de Marte en Tauro se propone realmente algo, su tenacidad lo vuelve imparable y su aplomo hace que sea difícil desviarlo de su propósito.

PRIMITIVO. «No» es tu primera y última respuesta. Quieres jugar con tus juguetes y no compartirlos con los demás. Cuando los demás te empujan, tú te vuelves aún más terco y perezoso. Si alguien te busca, lo más probable es que te encuentre acurrucado en el sofá comiendo comida basura y dándote un atracón de *realities*.

ADAPTATIVO. Una vez que te comprometes, será difícil encontrar un defensor más leal para una causa. Tu notable resistencia significa que vas a por todas. Nada te disuadirá de ayudar a otros a llegar hasta el final. Posees un notable sentido de la oportunidad y del ritmo, y eres capaz de garantizar que los demás se sientan relajados en sus esfuerzos. Cuando trabajas para conseguir un objetivo, manifiestas la belleza de la dedicación, el esfuerzo y la lucha.

EVOLUTIVO. Eres la roca en la que se apoyan todos para pasar a la acción. Saben que defenderás la fortaleza para que otros puedan brillar. La seguridad de los demás es tu principal motivación; tienes una capacidad exquisita para unir a todos en un sentido elevado de armonía y propósito.

Marte en Géminis

En Géminis, la energía de Marte puede difuminarse hasta el punto de ser ineficaz, a no ser que tenga un profundo sentido de propósito global y un plan muy estructurado de gran alcance. Cuando se canaliza de manera evolutiva, este emplazamiento puede llevar la energía de las ideas abstractas a la realización concreta. En esta ubicación, la mente del escritor y portavoz puede desarrollarse enormemente gracias al fuego de Marte.

PRIMITIVO. Eres capaz de distraerte con el vuelo de un mosquito. Corres en círculos y montas espectáculos, utilizas tu poder de dispersión para arrastrar a otros al caos contigo. ¿Prioridades? ¿Quieren que tengas prioridades? ¡Ya deberían saberlo! Hay demasiadas gominolas repartidas por el suelo y todas te parecen bonitas. ¿Quién te puede obligar a elegir? ¿Chismorreos? Tú estás por encima de eso. Los expandes como una plaga, sobre todo cuando sabes que van a provocar un aluvión de críticas. Pocas cosas te gustan tanto como crear una polémica y luego recrearte en el desastre.

ADAPTATIVO. Tu capacidad para trabajar en varias cosas a la vez recuerda las habilidades de un malabarista magistral; pones el mismo cuidado en cada una de las bolas brillantes que lanzas al aire. Estás atento a todas las preocupaciones que puedan tener los demás. Tu ética de trabajo es impecable porque reconoces la importancia de cada punto de vista y de cada parte. Muchos acuden a ti para que resuelvas alegremente la complejidad de los problemas y trabajes para encontrar una solución conjunta. Predicas con el ejemplo; las personas se sienten elevadas por la actitud fresca y relajada que adoptas espontáneamente incluso en situaciones de crisis.

EVOLUTIVO. Tus palabras y acciones acompañan y refuerzan las de los demás en la ejecución de sus planes. La gente acude a ti con el fin de establecer las prioridades y obtener las mejores soluciones para todos. Tu base de conocimientos es excepcional; lo que otros no saben hacer, tú lo estudias rápida y minuciosamente para poder prestar un apoyo cualificado. Cuando los demás hacen un trabajo importante contigo, saben que se hará no solo con mucho esmero sino también con una gran dosis de magia.

Nada te parece demasiado insignificante para no prestarle de buen grado tu apoyo. Reconoces que es necesario prestar atención a todas las piezas del rompecabezas grandes y pequeñas para que encajen en el panorama general.

Kyle tiene a Marte en Géminis. Comenzó su carrera como ejecutiva de publicidad; le encantaba viajar y se le daba especialmente bien vender ideas en múltiples plataformas. Desgraciadamente, también tenía fama de no ser lo suficientemente rigurosa con sus promesas o sus propuestas; se movía con tanta rapidez y volatilidad que a veces era precipitada y poco realista.

Decidió apuntarse a un programa de *mindfulness* para aprender a calmar su mente hiperactiva y su cuerpo inquieto, y esto transformó su vida y la llevó a ser instructora de *mindfulness* para madres de alumnos de preescolar. Ahora a Kyle se la conoce por su capacidad para acallar una sala con sus palabras y movimientos altamente conscientes.

Marte en Cáncer

Cuando se combina con la ardiente franqueza de Marte, la emocionalidad acuosa de Cáncer, sus cualidades nutritivas y su receptividad proporcionan un contrapunto de equilibrio o, por el contrario, un húmedo y frustrante desorden. La canalización evolutiva de este emplazamiento requiere una atención especial a la gestión de las emociones y a la sensibilidad empática hacia los estados de ánimo y la mentalidad de los demás.

PRIMITIVO. Como el niño de preescolar que sigue muy vivo dentro de ti, no estás dispuesto a que nadie te diga «¡es hora de marcharse!» cuando no tienes ganas de hacerlo. ¡No pueden obligarte! Tus sentimientos son demasiado intensos. Sabes que hay cosas que hacer, pero ¿cómo se puede esperar que superes esos sentimientos tan enormes, pesados y complicados? Prefieres llorar hasta que alguien se ocupe de *ti*, a la vez que se ocupa de cualquier otra cosa que necesite ser atendida. «¡Necesito a mi mamá!» es la consigna constante que utilizas siempre que hay que hacer algo. «Deja de presionarme para que sea un adulto y maneje mis asuntos. Te haré sentir culpable y terminaré saliéndome con la mía».

ADAPTATIVO. Comprendes que eres plenamente responsable de tus actos. Comienzas a desarrollar de manera consciente herramientas para gestionar tus emociones intensas. Y no pierdes tu sensibilidad; simplemente empiezas a utilizarla para tener en cuenta los estados de ánimo de otros e inspirarlos vehementemente a actuar con madurez. Tus capacidades de crianza, muy desarrolladas, instan a los demás a colaborar y perseverar a través de las circunstancias u obstáculos más desafiantes.

EVOLUTIVO. La energía de la Madre Divina actúa a través de ti en cualquier proyecto en el que participes. Al ser más consciente de las necesidades básicas de la gente logras motivarla con una perspectiva intensamente emocional. Tus logros la incentivan, uniendo a los grupos sociales sobre una base universal de empatía y madurez. Todo lo que haces, lo haces con profunda gratitud por los dones de la vida y el propósito de la unidad.

Marte en Leo

A la hora de hablar de grandes acciones que causan un impacto considerable, los fogosos Marte y Leo forman una buena pareja. En ocasiones, las dificultades de este emplazamiento radican en olvidar que la tarea no consiste solo en engrandecer la propia imagen. Cuando el nativo con esta ubicación es capaz de recordar y honrar las necesidades y los valores de los demás mientras lleva a cabo su gran despliegue de fuerzas, puede convertirse en un excelente transformador del mundo, en un organizador de celebraciones y en un solucionador de problemas altamente creativo que nunca se olvida de brindar amor y diversión.

PRIMITIVO. «Todo es para mí, ¿no? Si hago esto, seré la estrella, ¿verdad? Aunque no haga mucho, me llevaré el mérito, siempre y cuando aparezca y sea mi yo más espectacular, ¿a que sí?».

Te vuelven loco las actividades en las que apareces *tú*; no necesitas que tengan ninguna base. Te aseguras de que todo el mundo se entere de hasta la cosa más insignificante que haces porque no te cansas de recibir elogios. En cuanto los recibes, su impacto se evapora, dejando un vacío que necesitas llenar enseguida. Harás todo lo posible para conseguir más, aunque eso signifique sabotear todo el proyecto que la energía de Marte te está impulsando a realizar.

ADAPTATIVO. Pones el corazón en todo lo que haces. Los demás te consideran el animador supremo, que los elogia y los invita a pasar al siguiente nivel, sea cual sea ese nivel para ellos. Cuentan contigo para inyectar estímulo a sus proyectos. Ves el trabajo duro como una oportunidad para expresar el placer de alcanzar metas. Tu «sí» a hacer cosas suena como una campana que transmite claridad y asombro, audible en todo el mundo. Te mueves hacia la acción con una mentalidad de *«¡sí, se puede!»*.

EVOLUTIVO. La inocencia y la pureza infantiles te motivan a ayudar a todo aquel que puedas. Contigo, los demás sienten con claridad que en la base de toda la creación hay un trabajo constante de amor. Tu manera sumamente afectuosa de proceder e interactuar hace que todo el mundo se sienta partícipe de las actividades y feliz de formar parte de la comunidad. Tu ética de trabajo brilla y hace brillar a los demás con una fuerza que los llena de energía.

El Marte de LeAnn en Leo la preparó para ser una estrella. Desde que nació, la historia de su vida fue cantar, bailar y actuar. A los ocho años, cuando fue elegida para su primera película, se sintió rápidamente abrumada por una atención impersonal y aduladora. Se acostumbró a este trato y, aunque la dejaba vacía y con ganas de más, no podía pasar un día sin él. Solo tras años de terapia, LeAnn llegó a comprender que nunca sentiría verdadero amor o alegría a través de los halagos de aduladores que, en el fondo, no la conocían por dentro. Desarrolló una sólida práctica personal que incorporaba la escritura creativa, el canto y la atención plena, y descubrió un centro en su interior que reconocía sus dones sin necesidad de la validación externa constante.

LeAnn sigue siendo una artista de éxito; hoy en día opta por trabajar en proyectos artísticos que tocan su corazón, al tiempo que guía a otros a descubrir su propio brillo.

Marte en Virgo

El principio de categorización, organización y orientación al detalle de Virgo puede ser un gran complemento para el avance de Marte. No hay mucha gente que pueda crear con confianza y habilidad algo bello o útil sin una gran cantidad de correcciones o ajustes; con la perspectiva de Virgo, esto se convierte en algo realmente viable. Sin embargo, cuando esta ubicación se expresa de manera más primitiva, la necesidad de perfección puede impedir el progreso; en casos así, la persona de Marte en Virgo se queda atascada en pequeños detalles, criticándose con dureza mientras el mundo se desmorona a su alrededor.

PRIMITIVO. Divides todo lo que haces en tantas partes que después no eres capaz de encontrarlas. Si vas a construir una casa, te pasas un año separando los pequeños tornillos en compartimentos, incapaz de empezar hasta que todo esté en su sitio.

Te juzgas a ti mismo y a los demás sin piedad por lo mal que se hacen las cosas. Te dedicas a escribir interminables historias de mártires en las que tú mismo eres el protagonista. «Nadie entiende lo mucho que me esfuerzo por ser mezquino y prepotente», dirías si algún día tuvieras que decir la verdad. Tu contribución al proyecto en general consiste en acaparar o en ser un desastre colosal.

ADAPTATIVO. Trabajas al servicio de la comunidad sin olvidarte de ti mismo. Eres un especialista que señala la manera más eficaz de ir de A a Z. Se puede contar con que te esforzarás, trabajarás con diligencia sin alardes y te mantendrás en forma para rendir al máximo. Ves los puntos fuertes y las capacidades de los demás y los ayudas a desarrollar sus talentos. Tu disciplina es ejemplar y proporciona a los demás un modelo para incorporar esta virtud a sus propias vidas.

EVOLUTIVO. Otros ven en ti una vía para resolver problemas complejos. Eres capaz de hacer las cosas sin desperdiciar movimientos y sin quejarte. A todo el mundo le encanta trabajar a tu lado; sabes cómo hacerles participar en el progreso reflexivo. Tus métodos para reunir a la gente por una causa son sofisticados y han superado la prueba del tiempo; haces que todos sientan que sus contribuciones son importantes.

Marte en Libra

En Libra, las energías motivadoras de Marte tienen el potencial de crear equilibrio, belleza, elegancia y armonía en todo lo que se haga. El inconveniente es que puedes sentirte atrapado por una preocupación excesiva por las apariencias o tener una tendencia a estancarte en la indecisión en lugar de actuar con decisión. Los nativos de este emplazamiento han llegado a ser mediadores y diplomáticos de prestigio.

PRIMITIVO. Apenas puedes hacer nada sin mirarte antes en el espejo o en el cristal de la ventana más cercana. Parece que eres incapaz de dejar de preocuparte por tu apariencia el tiempo suficiente para concentrarte en hacer algo. Para ti lo más importante son cuestiones del tipo «¿me veo bien mientras lo hago?» o «¿el espejo me favorece o me hace parecer gordo?».

¿Por qué elegir un solo camino cuando hay tantas opciones? «¿A dónde quieres ir *tú*?», le preguntas a cualquiera que parezca saber lo que está haciendo. No tienes voluntad propia; seguramente te limitarás a seguir a alguien. Dondequiera que acabes debería estar bien, siempre que estés guapo, claro.

ADAPTATIVO. Se te da estupendamente lograr el equilibrio entre el trabajo y el juego, y enseñas a otros a conseguirlo. Tu comprensión de las formas de actuar permite que todos los interesados alcancen sus objetivos de una manera tranquila y confiada. Tu fuerte consiste en determinar las mejores vías para llegar a un resultado, y confías en que, juntos, crearéis un resultado satisfactorio. La gente acude a ti para que les enseñes la forma más artística y hermosa de hacer las cosas.

EVOLUTIVO. Tu motivación de servir a la comunidad surge de una profunda ecuanimidad y paciencia. En todas tus acciones, prevés consecuencias duraderas, lo que te hace especialmente dotado para tomar decisiones serenas y sabias. La gente se reúne a tu alrededor para realizar esfuerzos extraordinarios por la paz y el arte porque siente que, bajo tu dirección, todo se desarrollará con una rica combinación de dulzura y firmeza.

Marte en Escorpio

Este emplazamiento conlleva un increíble potencial de acción transformadora. La clave para expresarlo de una manera apropiada consiste en superar las obsesiones y motivaciones malsanas y utilizar su prodigioso poder, conocimiento y voluntad decidida para fomentar el bien y el progreso, en lugar de hundirte en las profundidades subterráneas del drama y en una desesperación que te lleva a castigarte.

PRIMITIVO. Imagínate que tu seudónimo es «furtivo» y que te apellidas «escondido». Está claro que lo que haces es asunto tuyo. Aunque la verdad es que te avergüenzas profundamente de tus actos; tu yo interno y su expresión externa son un hervidero de maldades y justificaciones. No hace falta preocuparse de que recibas el castigo que te mereces; ya te castigas a diario tú mismo por tu ruin comportamiento.

ADAPTATIVO. Osado y temerario, realizas hazañas heroicas con el apoyo de otros que comparten tu forma de pensar. No tienes secretos. Detrás de todo lo que haces está la causa de liberar a la gente de la vergüenza y la opresión ancestrales. Sales, y sacas a otros, de las sombras para transformar las vibraciones negativas en logros saludables y duraderos.

Estás dispuesto a morir por la causa y, sin embargo, cuidas perfectamente de ti y de los demás para que puedan vivir mucho tiempo y prosperar.

EVOLUTIVO. Como un águila, te elevas por encima del ruido para aportar perspectiva a todos los pasos y procedimientos de la comunidad. Contigo como líder, la gente se da cuenta del papel repetitivo y eterno del karma. Los caminos que tomáis juntos tienen en cuenta tanto la luz como la oscuridad; no niegan el dolor o el sufrimiento de nadie. Guías con el conocimiento de que lo que creáis entre todos tiene implicaciones duraderas para la Tierra y el alma. Se puede confiar en ti en cualquier propósito para proteger a los vulnerables e inspirar a los invencibles.

Marte en Sagitario

El símbolo de Sagitario es una línea horizontal con una flecha que surge de ella en un ángulo de cuarenta y cinco grados, apuntando hacia la derecha; esto es una buena ilustración de la propensión del signo al movimiento hacia delante y hacia arriba. Las personas con Marte en Sagitario son capaces de hacer mucho con una gran cantidad de energía ardiente. Sin embargo, pueden tropezar con algunos hábitos sagitarianos más torpes: (1) salir de fiesta demasiado a menudo, (2) precipitarse en lugar de planificar o (3) alguna combinación de ambas cosas concebida de forma exagerada.

PRIMITIVO. Te vas de fiesta, y luego le cuentas a la gente que te excediste aun más de lo que realmente lo hiciste. ¿Por qué trabajar cuando puedes aprovecharte de otros que quieren estar cerca de ti solo para escuchar tus exageraciones y tus chismes? Presumir de algo es mejor que hacerlo de verdad. Tus historias subidas de tono son un delicioso alimento para el morbo. Revoloteas y aleteas por todas partes sin aterrizar en ningún sitio: estar en movimiento es una forma estupenda de evitar las responsabilidades aburridas y estresantes.

ADAPTATIVO. Entiendes que la libertad no consiste en evadirse de responsabilidades, sino en actuar correctamente; cuando haces las cosas por las razones apropiadas, todos se benefician, incluido tú. Con esfuerzo has llegado a una posición de sabiduría que te permite ver cuánta gente te ayudó a llegar a donde estás hoy. Atribuirte todo el mérito de tus éxitos te produciría una sensación peor que el vacío; en cambio, la alegría que sientes al esforzarte con otros por alcanzar la excelencia es auténtica. Comprendes que el significado proviene del mérito obtenido en el contexto de la superación de la adversidad, y actúas en consecuencia.

EVOLUTIVO. Tus acciones están inspiradas por una educación superior. Le das tanta importancia al proceso como a los resultados. Te unes a otras personas en el esfuerzo y todos sentís una gran libertad en la forma de llegar a la meta. Le aportas vitalidad y esplendor al trabajo de la comunidad porque ves la verdad de cada ser humano en acción; eres capaz de alimentar las capacidades de los demás para que se entreguen con autenticidad en un espacio de liberación contagiosa.

Marte en Capricornio

Al nativo de Marte en Capricornio le gustan las cosas bien hechas y gestionadas, comprobadas y dignas de elogio. Su actitud es la de ascender a la montaña con cuidado en cada paso que da. Cuando la persona de Marte en Capricornio es menos apta, puede tender al exceso de trabajo, a la actitud autoritaria, a la falta de implicación o expresión emocional, o a las dudas sobre sí misma. El arribismo puede ser otro peligro de este ambicioso emplazamiento.

PRIMITIVO. Te comportas de forma autoritaria y soberbia, así que más vale apartarse de tu camino. Si hay un objetivo relacionado con un símbolo de estatus, participarás para tratar de conseguir algo; de lo contrario, que no cuenten contigo. No quieres que te molesten hablándote de cómo se siente de verdad la gente a la hora de ir del punto A al punto B, porque tú solo conoces un sentimiento: el de tener razón. Si tuvieras un manual de instrucciones, sería como el de un robot.

Si puedes controlar el resultado, lo harás, a toda costa, aunque eso signifique engañar a los demás y a ti mismo todas las veces que haga falta.

ADAPTATIVO. Eres la personificación del liderazgo colaborativo y no autoritario. Tu motivación para conseguir logros proviene de una compasión profunda y de valorar la inclusión de todas las voces. Entiendes que nadie gana a menos que todos se sientan reconocidos y dignos y que la excelencia proviene de una sólida autoaprobación, no de los elogios ajenos. Tu mayor orgullo es ayudar a quienes tienen menos que tú; ya no buscas el reconocimiento por ello, porque encuentras verdadera satisfacción en dar.

EVOLUTIVO. A ti acuden todos los que desean ser reconocidos por un verdadero maestro de la mente, el espíritu, los sentimientos, el alma y el cuerpo. Tu comprensión de lo que de verdad importa te compromete con causas sociales que generan resultados estimulantes de manera constante y sistemática, y siempre te aseguras de que se reconozca el mérito de todos por esos resultados. Quienes trabajan contigo suelen comentar cómo motivas con tu humilde ejemplo y cómo ilustras la importancia de la acción correcta a través de la bondad, actuando de manera consciente cada día. Ya no te sientes dividido entre un yo público y uno privado; eres transparente, sin importar las circunstancias.

Alison, con su Marte en Capricornio, procede de una familia de escaladores que pasaba mucho tiempo en los muros de escalada, en las acampadas y en las excursiones de un día. Desde muy joven aprendió que la vida consistía en superar obstáculos.

Le encantaba escalar y se entrenaba más que nadie, siempre tratando de llegar a la siguiente cima. A los treinta años, necesitó una prótesis de rodilla y comprendió que el estrés que sufrían sus articulaciones era un reflejo de la tensión mental y emocional que suponía esforzarse sin descanso.

Alison empezó a entender que el objetivo del viaje era el viaje en sí, no llegar a ningún destino; aprendió a relajarse y disfrutar del proceso de manifestación, en lugar de buscar constantemente la siguiente meta. Desarrolló una línea de ropa femenina para actividades al aire libre que destaca la comodidad, el cuidado y el bienestar; una marca que expresa su reconocimiento de la importancia de cuidar bien el cuerpo que llevamos al límite de su fuerza y su resistencia.

Marte en Acuario

En Acuario, la independencia, la obstinación y la originalidad influyen en la expresión del arquetipo de Marte. Su expresión más evolucionada se manifiesta como una potente reforma y reinvención de las normas que ya no sirven; como la voluntad de ser plenamente quien eres y de permitir que los demás sean de verdad *ellos* mismos, sin dejar de trabajar juntos en armonía hacia un objetivo valioso. Los rasgos más primitivos de Marte en Acuario suelen manifestarse como prepotencia, arrogancia o menosprecio del esfuerzo ajeno.

PRIMITIVO. Te mueves como pez fuera del agua. Eres tan rebelde que los objetivos meramente humanos no te importan lo más mínimo. Si otros se oponen a tu forma de actuar, no tendrán que preocuparse por el estrés que vayas a causarles; simplemente te rendirás o formarás tanto ruido que terminarán olvidándose hasta de sus motivos. No es que marches al ritmo de otro tambor, es que *eres* ese ritmo; te trae sin cuidado a qué ritmo marchan los demás.

ADAPTATIVO. Tu motor de reacción funciona con nobles ideales y uniendo a gente de todo tipo. Tu enfoque tiene la agudeza de un rayo láser; mantienes el rumbo, a pesar de las dudas o inconvenientes personales. Quienes trabajen contigo y con tus compañeros de equipo se sentirán elevados a su mejor nivel y arropados por los principios de igualdad y unidad.

EVOLUTIVO. Eres un verdadero catalizador del cambio social positivo. Haces que todos se sientan parte de tus elevadas ambiciones para el mundo; saben que son bienvenidos para actuar en nombre del bien común. Contigo, la gente no ve divisiones ni muros, sino la posibilidad de la Era de Acuario: un mundo de abundancia, en el que cada ser y cada criatura tiene suficiente de todo lo que necesita.

Marte en Piscis

A quienes tienen a Marte en Piscis se les da muy bien fluir con la vida, pero a veces les cuesta saber lo que quieren o cómo conseguirlo. La ira y la firmeza no son naturales en esta ubicación; es más probable que tengan problemas para elegir una dirección y mantenerla. Aquí es importante la expresión creativa y cualquier tema que estimule a la persona de Marte en Piscis lo suficiente como para que adopte una verdadera posición; probablemente tenga que ver con la disolución de los obstáculos al amor y la conexión.

PRIMITIVO. «¿Quién, yo, una víctima?», te preguntarás. Porque la verdad es que, da igual lo que intentes hacer, siempre va a haber *alguien* que no entienda tu forma de vivir. Y no vale la pena esforzarse para conseguir que la gente te acepte tal y como eres. ¡Es muy complicado atravesar la corriente de un río desbordado! De manera que mejor flotar y dejar que pase lo que tenga que pasar. Si la situación se complica mucho, siempre te queda recurrir a tu acción favorita: salir corriendo.

ADAPTATIVO. La empatía guía todas tus acciones. Tu sintonía con todos los seres te proporciona el impulso central para mantenerte en el camino y cumplir tus promesas. A la gente le encanta trabajar contigo; en tu presencia, sienten el increíble brillo de verse reconocidos en su más elevada encarnación. Tus esfuerzos sin ego inspiran a los demás a ser nobles y apasionados en la entrega generosa y de corazón.

EVOLUTIVO. Visionario, guiado por el espíritu, canalizas las vibraciones más elevadas para cada paso que dais tú y tu comunidad. Los demás se asombran de tu capacidad para impulsar la energía al servicio de los milagros. Cuando te juntas con otros para hacer algo, todos los que comparten el proyecto se sientan como si estuvieran en una alfombra mágica impregnada de posibilidades y realizaciones ilimitadas.

Prácticas para Marte

Sumérgete

Durante una semana, haz cada día algo que no hayas hecho nunca antes. Consulta la descripción de la evolución de tu Marte y comprueba cuánta de esa energía puedes aportar a la forma de realizar esta nueva acción.

Además, elige algo que hayas evitado hasta ahora y que necesites hacer. Pide a dos amigos que sean tu equipo de apoyo. Fija una fecha para completar la tarea; luego organiza una celebración para cuando cruces la línea de meta.

Relaciónate

Piensa en alguien que conozcas a quien le vendría muy bien que le echaras una mano y le dedicaras tiempo para conseguir algo.

Procura que sea un esfuerzo factible y que tengas tiempo para ofrecerle tu ayuda y acompañarlo hasta el final.

Además, puedes hablarle a alguien de alguna actividad que te cueste llevar a cabo. Pídele que te ayude a superar tu resistencia y a crear una nueva estrategia para alcanzar ese objetivo.

Y, por último, a veces, en nuestras iteraciones de Marte poco evolucionadas, hacemos algo que causa daño a otro. Atrévete a admitir los casos en los que tus acciones y comportamientos han causado estrés o daño a alguien y trata de enmendarlos. Escribe una nota a los afectados por tus acciones con los siguientes pasos:

1. He hecho _____ (Sin explicaciones ni excusas; solo con plena responsabilidad).
2. Ese comportamiento seguramente te pareció _____
3. ¿Qué puedo hacer para compensar el daño que te he causado? Por favor, házmelo saber en persona o con una respuesta a esta carta.

Arriésgate

Decide aprender una actividad nueva y difícil: un deporte, un juego o una práctica que te entusiasme y que fortalezca tu cuerpo. Pide a alguien que te acompañe en el aprendizaje de esta nueva actividad de Marte. Supera tus expectativas de aprendizaje y presta mucha atención a las señales del cuerpo. No sobrepases tus límites; cuida la salud y mantente seguro.

Reflexiona

Escribe una lista de tus cinco logros clave de los últimos diez años, pero hazlo desde la perspectiva de tu yo diez años mayor. Anota cuáles son esos logros clave y cómo imaginas que te sentiste al escalar esa montaña. ¿Quién o qué te ayudó en el camino?

Crea un contrato contigo mismo para hacer las cinco cosas que has enumerado. Fírmalo.

Preguntas para el círculo de conversación

Reúnete con una o más personas que hayan leído este capítulo. Escoged un tema de conversación que todos hayáis acordado (ver la nota de «Preguntas para el círculo de conversación» en el capítulo dos), y pedid a todos que respondan por turnos a las siguientes preguntas, de una en una. Aseguraos de que no haya conversaciones cruzadas ni secundarias; este es un momento para hablar sin distracciones ni interrupciones. Antes de empezar, estableced el acuerdo de mantener la confidencialidad de lo que se diga en el círculo, escuchar con atención, hablar con espontaneidad y tener en cuenta el tiempo, para que todos tengan la oportunidad de responder a cada pregunta.

1. Cuenta tres de tus mayores logros y dos de tus mayores fracasos. Describe lo que has aprendido de ambos.
2. ¿Qué has ayudado a otros a hacer que no hubieran podido hacer sin ti?
3. ¿Qué es lo que más te motiva a actuar por el bien común? ¿Cómo puedes avivar ese fuego con más frecuencia?
4. ¿Cuáles son los comportamientos personales de autosabotaje que te dan más problemas? ¿Por qué?
5. Nombra dos personas a las que admires por su manera de actuar. ¿Por qué?
6. Independientemente de que estés más o menos en forma, nombra tres maneras en las que tu cuerpo es tu aliado.

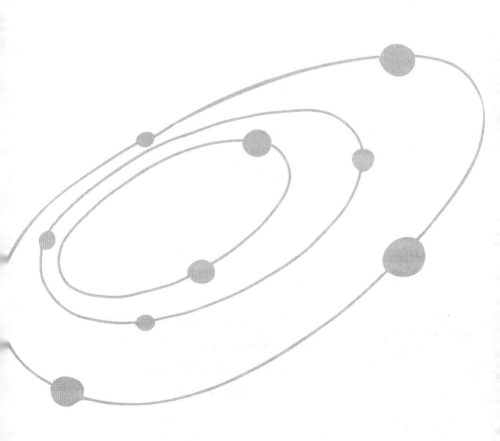

El único zen que encontrarás en
la cumbre de la montaña es el
zen que lleves contigo.

ROBERT M. PIRSIG

8

JÚPITER

el lago en la cumbre de la montaña

Júpiter es el arquetipo de la expansión, el crecimiento y el optimismo. En el léxico de la astrología, está asociado con la generosidad, la abundancia, el éxito y la suerte. En particular, rige el aprendizaje superior y los principios filosóficos y morales que abarca, así como el aprendizaje que realizamos a través de los viajes y la exposición a otras formas de vida. Una energía de Júpiter excesiva y descontrolada puede llevarnos a la complacencia exagerada, a la extralimitación, a un exceso de confianza y a centrarnos en la riqueza y el estatus por encima de lo que es bueno, correcto y verdadero.

EL MITO DE JÚPITER

El nombre del dios romano Júpiter —el equivalente al dios griego Zeus— está formado por raíces de palabras latinas que se traducen aproximadamente como 'padre del cielo'.

Júpiter es el dios romano del cielo y del trueno y el rey de los dioses. Fue uno de los hijos que Ops, su madre, tuvo con el entonces rey de los dioses, Saturno; este empezó a tragarse a sus propios vástagos por los rumores de que uno de ellos acabaría derrocándolo. Después de que Saturno se tragara a Neptuno, Plutón, Ceres, Juno y Vesta, Ops se lo pensó mejor antes de entregar a su nuevo retoño; dio a luz a Júpiter en secreto y engañó a Saturno dándole una piedra envuelta en sábanas, que este se comió en lugar de su hijo.

Júpiter cumplió los peores temores de Saturno al derrocar al viejo como castigo por haberse comido a todos sus hermanos. Cuando se hizo adulto, Júpiter obligó a su padre a regurgitar a todos los niños que se había tragado, y todos se unieron para arrebatarle el gobierno a Saturno. Decidieron dividir el universo en tres partes: el inframundo para Plutón, el cielo para Júpiter y el mar para Neptuno.

EL LAGO EN LA CUMBRE DE LA MONTAÑA

Pocas imágenes son más refrescantes e inspiradoras que las de un lago de agua dulce y pura en lo alto de las montañas; pocos olores y sensaciones pueden igualar la infinita sensación de amplitud del aire y la atmósfera en un entorno así. El lago de alta montaña simboliza la ascensión, la claridad, la reflexión y la celebración.

Aspirar a las expresiones evolutivas de Júpiter aporta esta misma sensación de conexión ilimitada y sagrada a vibraciones superiores de significado y trascendencia. Cuando llegas a la expresión más valiosa de la ubicación de Júpiter en tu carta, alcanzas un pináculo de pureza y sabiduría superior.

JÚPITER EN LOS SINGOS

La posición de Júpiter en los signos proporciona valiosas ideas sobre la capacidad y las formas de expresar el optimismo, la expansión, el crecimiento, la abundancia, el aprendizaje superior y el éxito.

Júpiter en Aries

Júpiter expande e intensifica todo lo que toca; con una ubicación en Aries, esta expansión afecta a las energías de la valentía, la determinación, la voluntad de arriesgar, el espíritu y el compromiso con el avance... y también a las energías menos diestras de la impulsividad, la asunción de riesgos malsanos, el egoísmo y la inmadurez.

PRIMITIVO. ¡Hablemos de tener el ego inflado! Si te inflaras un poco más, serías un auténtico globo aeronáutico de autocomplacencia. Te encanta conquistar nuevos territorios y, si hace falta, estás dispuesto a lastimar a alguien para conseguirlo. ¿Alguien quiere caminar a tu lado? Pueden intentarlo, pero se quedarán en el camino.

ADAPTATIVO. Tienes una energía ilimitada para servir a los demás. Toda esa fuerza vibrante y constante que posees se destina a realizar buenas obras para tus seres queridos. Alcanzar la cima no representa ningún problema para ti; si es necesario, cargarás a otros a la espalda.

EVOLUTIVO. Destacas por tu coraje cívico. A través de ti, otros ven la posibilidad de realizar nobles milagros. Ningún obstáculo o escéptico pueden frenar tu dedicación a crear excelentes relaciones y resultados. Todos confían en ti para que seas una torre de fortaleza en los momentos difíciles y un faro de luz en los momentos de alegría.

Desde una edad temprana, Layla, con su Júpiter en Aries, fue la futbolista más hábil y explosiva sobre el terreno. Recibía enormes recompensas y honores por ser la máxima goleadora de todos los equipos con los que jugaba, y se la conocía cariñosamente por sus rabietas cada vez que fallaba un gol. Cuando entrenaba para la Copa Nacional Amateur de Fútbol de Estados Unidos, Layla se rompió la rodilla y estuvo seis meses de baja. Durante ese tiempo, tuvo que asumir que había basado toda su identidad en ser una gran deportista. Mientras se recuperaba, le ofrecieron la oportunidad de trabajar con Special Olympics.* Al ayudar a jóvenes que tenían verdaderas adversidades y dificultades, Layla descubrió una meta y un sentido para su vida. Con el tiempo se convirtió en la máxima responsable de las Olimpiadas Especiales de su zona y ahora es más conocida por su excepcional servicio, dedicación y abnegación que por su capacidad atlética.

---

* N. del T.: *Special Olympics* (Juegos Olímpicos Especiales) es una organización deportiva internacional que organiza eventos deportivos con personas con discapacidad intelectual.

Júpiter en Tauro

En Tauro, Júpiter tiene el potencial de desarrollar la firmeza y la estabilidad de la persona. Este emplazamiento es una configuración perfecta para la intención y el trabajo lentos, constantes y centrados que siguen los ritmos de la Tierra. Sin embargo, una expresión más primitiva puede ser un campo abonado para la pereza y la obstinación, así como para la preocupación por las posesiones materiales y la propiedad.

PRIMITIVO. ¡Nadie sabe lucirse mejor que tú! ¿Que tienes demasiado de todo? ¡Mejor! No quieres compartirlo con esos seres inferiores; de alguna manera tienes claro que eres un elegido. Los demás deberían tomárselo con calma y dedicarse a satisfacer tus placeres.

ADAPTATIVO. Tu labor en pro de la conservación de la belleza y los recursos no solo es generosa, sino que está bien organizada. Entiendes el valor que tiene a la larga cultivar el arte y cuidar la Tierra. Gracias a ti, otros se dan cuenta de la tremenda importancia de preservar las maravillas naturales de este planeta.

EVOLUTIVO. Lideras con gracia y serenidad. La gente se asombra de tu paciencia y elegancia cuando organizas una causa o un evento. Utilizas tus propios recursos en beneficio de la comunidad y te guías por profundos valores caritativos. Contigo, la gente se siente arropada al tomar partido por un amor más amplio a la naturaleza y al cuerpo.

Júpiter en Géminis

Con Júpiter en Géminis, aumentan las actividades mentales y comunicativas, por lo que esta ubicación es ideal para la conversación y la comunicación en todo tipo de ámbitos.

Una expresión poco evolucionada puede significar una distracción excesiva y una falta de organización que disipen el potencial de esta ubicación y lo conviertan en un torbellino de ideas que nunca llegan a condensarse en algo tangible.

PRIMITIVO. Tienes papeles por todas partes. Acumulas tantas cosas que te cuesta moverte. Te dedicas a revolotear de aquí para allá sin conseguir nada. Vuelas en círculos hasta agotarte, como un colibrí con TDAH.

ADAPTATIVO. Eres una corriente de ideas conectadas entre sí, un experto en crear redes para obtener los mejores resultados. Tu mente funciona como una tejedora, reuniendo equipos que comparten talentos y conocimientos. Muchos acuden a ti para organizar lluvias de ideas y elaborar estrategias que les permitan descubrir las maneras más eficaces y coherentes de abordar cualquier problema.

EVOLUTIVO. Tu agilidad en la conversación y en la consecución de resultados es insuperable. Los grupos se reúnen a tu alrededor para pedirte consejo sobre ética e inclusión. Las palabras son sagradas para ti, y te caracterizas por tu manera de hablar, inspirada y cordial. Tu capacidad de concebir nuevas ideas y crear inventos revolucionarios no tiene límites. La expresión *no puedo* no forma parte de tu vocabulario.

Júpiter en Cáncer

Aquí, las cualidades maternales y de sentimientos profundos de Cáncer pueden manifestarse en forma de grandes dosis de amor, bondad y empatía, o bien como una tremenda dependencia y un retroceso a la expectativa infantil de ser continuamente el centro de atención.

PRIMITIVO. ¡Eres todo un mundo de sentimientos! Salen de ti en todas las direcciones. Aún no has aprendido a crecer, pero no hay problema porque de todos modos ser adulto parece bastante aburrido. Los que te llevan en brazos y te dan de comer saben que eres el mejor de los bebés. Y el más grande. ¿Tareas? ¿Tú? ¿A qué viene eso? ¡Se supone que los padres se encargan de esas cosas!

ADAPTATIVO. Tu gran capacidad de respuesta hacia todo tipo de personas te permite abordar los temas más delicados y complejos con auténtico equilibrio emocional. Eres muy consciente de que cada matiz de un desafío supone un estímulo para una indagación sutil y apreciativa. Contigo, los demás se sienten respaldados y seguros para hacer frente a las exigencias de la vida sin perder la calma.

EVOLUTIVO. Tu energía amplia y expansiva rodea a todos con un verdadero sentimiento de arrebato y motivación. A través de ti, otros logran ver la posibilidad del amor divino en todos los asuntos, grandes y pequeños. Cuando hay estancamiento, guías a los demás a un estado de genuina curiosidad por la resolución y la comunión. Ves las diferencias como simples oportunidades para crear más puentes de consciencia.

Cynthia tiene a Júpiter en Cáncer. Se quedó embarazada accidentalmente a los dieciséis años y tuvo al niño. El padre lo abandonó; cuando Cynthia tenía dieciocho años, ya había encontrado una pareja estable, Rafael, y se casaron. A los veintitrés ya había tenido dos hijos más. Se enorgullecía de ser una madre extraordinariamente dedicada y capaz, y encontró otras madres jóvenes con las que unirse y recibir apoyo.

Cuando cumplió veintinueve años, Cynthia se dio cuenta de que había postergado todos sus sueños de desarrollo personal en favor de sus hijos. Regresó a la universidad para graduarse como consejera escolar, y ahí descubrió su propia y extraordinaria capacidad para ser madre y cuidar de otros niños y, al mismo tiempo, alcanzar sus propios sueños y metas.

Júpiter en Leo

Al corazón creativo, juguetón y expresivo de Leo le encanta ser tremendamente expresivo y alegre, ¡y Júpiter puede llevar esto a otro nivel! Una expresión más primitiva de esta ubicación supondría sucumbir a las ansias de querer ser elevado y celebrado a nivel individual.

PRIMITIVO. Vives rodeado de aduladores y disfrutas del protagonismo cueste lo que cueste. Estás convencido de que nunca se dedica suficiente tiempo a hablar de ti. El significado completo de *divo* lo entiende mejor quien tiene el placer de pasar tiempo en tu resplandeciente órbita de influencia.

ADAPTATIVO. El amor irradia de ti, ilumina el espacio y esparce una ligera capa de polvo de aceptación sobre todas las cosas. Los demás se deleitan con tu manera de valorarlos. ¿Conoces esa canción que dice: «No hay montaña lo suficientemente alta, no hay valle lo suficientemente bajo, no hay río lo suficientemente ancho para alejarme de ti, nena»*? Pues la podrías haber escrito tú.

EVOLUTIVO. Tu capacidad para aportar alegría a cualquier tarea es fenomenal. Guías a otros hacia su felicidad no solo a través del placer sino también mediante las contribuciones que haces. Tu optimismo es contagioso y digno de confianza.

---

* N. del T.: *Ain't no mountain high enough/Ain't no valley low enough/Ain't no river wide enough/to keep me away from you, babe?* Canción *Ain't No Mountain High Enough*, de Marvin Gaye.

Júpiter en Virgo

Al magnificar la disciplina, la organización, la responsabilidad, la capacidad de respuesta y la toma de decisiones cuidadosa, Júpiter en Virgo es una configuración que permite ser eficaz en la planificación y el seguimiento. Este emplazamiento también puede sacrificar la acción exterior efectiva a causa de la atención excesiva a los detalles, la crítica puntillosa a los demás y las espirales descendentes de autocrítica.

PRIMITIVO. Demuestras una facilidad increíble para exagerar lo que está mal. Cualquier defecto que detectes en ti mismo o en otros, lo resaltas con un rotulador brillante. Cuando tienes dudas, es decir, la mayor parte del tiempo, te vuelves mezquino y crítico; de esta manera impides que los demás descubran lo terriblemente inadecuado que eres. ¿Cómo podría alguien hacer algo bien en tu compañía?

ADAPTATIVO. Empiezas a ver el tejido perfecto del mundo, que incluye todas las imperfecciones y que nos permite cometer errores sencillos. Aprendes a reunir a las personas basándote en el orden divino y aceptando que se producirán fallos. Cuando evalúas una situación, la miras desde un espacio de curiosidad neutral y útil.

EVOLUTIVO. Tu especialidad es servir a otros con una sonrisa franca. Tienes una gran capacidad para ver lo que se necesita y hacerlo sin aspavientos. La gente nota que la entiendes de verdad y se siente animada a darlo todo sin caer en el perfeccionismo. Ayudar es tu auténtica naturaleza, y aportas esa ayuda a los demás sin por ello dejar de sentir un gran respeto por su propia capacidad para ser útiles.

Júpiter en Libra

Este emplazamiento encierra el potencial de cultivar la paz y la armonía a gran escala, o de centrarse excesivamente en las preocupaciones más superficiales en torno a las apariencias y el ascenso social.

PRIMITIVO. Eres increíblemente vanidoso, superficial e indeciso. Tu forma de conectar es comparar. «¿Quién es más atractivo que yo?» es tu reflexión más importante. Eres una mariposa social con garras de gato, dispuesta a desgarrar a los demás para que se te vea mejor.

ADAPTATIVO. Justo y equilibrado, por excelencia, te dedicas a proponer soluciones pacíficas a los conflictos. La gente se siente atraída por la destreza y la desenvoltura con las que te manejas, acompañadas de belleza y profundidad. Eres capaz de tratar los temas y asuntos difíciles con calma y naturalidad. La templanza es tu regalo para los demás.

EVOLUTIVO. Te posas sobre la rama del árbol multicolor de la comprensión; la gente siente una compasión intensa cuando la escuchas y la apoyas. Tu estética de la comunicación y tu manera de actuar son singularmente frescas y atractivas. Nadie se siente excluido en tu compañía; a tu alrededor todos encuentran una hermosa manera de ser ellos mismos y de ser respetados.

Durante su infancia, Mario con Júpiter en Libra recibió una atención constante por su encanto y su buena apariencia. Los diez primeros años de su vida sentimental los pasó acostándose con modelos y superestrellas glamurosas. Llevaba una vida muy fácil y placentera, y lo sabía, hasta que su mejor amigo murió en un accidente por conducir ebrio. Mario cayó en un abismo oscuro y resurgió sabiendo que sus correrías no le ofrecían ningún consuelo ni profundidad a la hora de enfrentarse a los verdaderos problemas de la vida.

En esa época, Mario conoció a un joven que había sufrido quemaduras que le habían dejado cicatrices en el rostro mientras servía en Irak.

Desde ese momento, se interesó por ayudar a las personas con deformidades faciales a conseguir las operaciones quirúrgicas que necesitaban mediante la donación de servicios de cirujanos plásticos. Ahora dirige una organización que pone en contacto a cirujanos plásticos caritativos con quienes más necesitan sus servicios.

Júpiter en Escorpio

Incrementar el secretismo, los celos y la atracción por el inframundo de Escorpio puede conllevar tremendos problemas. Por otro lado, aumentar su intensidad emocional, su capacidad de empatía y su enfoque preciso nos ofrece increíbles regalos. ¿A cuál de estos dos lobos prefieres alimentar?

PRIMITIVO. Contigo, bailar en la oscuridad adquiere un nuevo significado. Caminar por el filo de la navaja implica furia y violencia. El sexo, las drogas y el *rock and roll* encuentran su lado salvaje. Nada es demasiado espantoso para ti. Eres un vampiro emocional y sabes cómo succionar la fuerza vital de los demás.

ADAPTATIVO. Te caracteriza la inteligencia transformadora. Si hay *alguien* capaz de transformar lo negativo en algo positivo, eres tú. Muchos acuden a ti con su dolor más intenso porque saben que podrás sentirlo con ellos y ayudarlos a superar sus traumas y a crecer.

EVOLUTIVO. Eres un punto de encuentro que da lugar a un enorme crecimiento generativo. La gente trabaja contigo para actuar y relacionarse en el contexto de ideas grandes y nobles, y para que les recuerdes que, con el apoyo de una convicción inquebrantable, lo imposible se vuelve factible. Tu especialidad son las ideas profundas y llenas de alma, y para ti, vienen a través de una humilde canalización de los ancestros.

Júpiter en Sagitario

Júpiter es el planeta regente de Sagitario, cuya energía ya tiende hacia lo expansivo (cuando es evolutiva) o hacia lo excesivo (cuando es primitiva). Este emplazamiento, expandido por el arquetipo de Júpiter, puede predisponer a la grandilocuencia y a la diversión hasta la saciedad, o bien, cuando su grandeza está vinculada al aprendizaje superior, propiciar la enseñanza, el conocimiento, el optimismo y la maestría, para encaminarse hacia los grandes logros en apoyo de la comunidad.

PRIMITIVO. «Caballo grande, ande o no ande», y nunca tienes suficiente. Agrandas, exageras, difundes y no te responsabilizas de los excesos. Tu lema es: «Hazlo a lo grande o no lo hagas». Las resacas, tanto las emocionales como las relacionadas con las sustancias, son tus compañeras habituales.

ADAPTATIVO. Eres el mejor animador del mundo. Contigo, los demás sienten un optimismo contagioso; saben desde el corazón y con cada fibra de su cuerpo que, juntos, podéis lograr cualquier cosa que os propongáis. La honestidad y la autenticidad son tus cartas de presentación; buscas constantemente el conocimiento. Posees una alegría comedida basada en la gratitud y la estabilidad.

EVOLUTIVO. La mente, el cuerpo y el espíritu están integrados en ti; utilizas las energías colectivas para curarte a ti mismo y a los demás. Has estudiado y adquirido maestría en muchas áreas de conocimiento que te permiten educar y movilizar a tu comunidad. La gente confía en tu ética y tus normas intachables y siente una alegría desmedida en tu entrañable compañía.

Júpiter en Capricornio

Expandir la responsabilidad, pensar en el futuro, tomar perspectiva, *o bien* ponerse a la defensiva, anhelar y buscar el reconocimiento sin cesar y preocuparse en exceso por la reputación: estos son los potenciales y las posibles desventajas de Júpiter en Capricornio.

PRIMITIVO. Manejas la espada de la defensividad mejor que nadie. Tu fría austeridad no tiene parangón, y tus maneras prepotentes son inigualables. Estás por encima de las normas y los reglamentos; buscas insaciablemente el reconocimiento.

ADAPTATIVO. Tu reputación se construye sobre la base de la cantidad de personas a las que has ayudado a alcanzar sus objetivos. Ofreces con humildad tu caudal de maestría y experiencia para beneficiar a los más desfavorecidos. Te proporciona una gran alegría y satisfacción trabajar sin descanso en favor de una causa social perdurable.

EVOLUTIVO. Eres un símbolo para siete generaciones de causa y efecto: reconoces el impacto que las decisiones de otros han tenido para las generaciones anteriores y prevés los impactos futuros de los que viven ahora. Este rasgo confiere a tu liderazgo una perspectiva que se basa en permitir que otros vean los efectos a la larga de todas las decisiones, lo que los impulsa a hacer elecciones a favor de la sostenibilidad. La gente acude a ti porque sabe que tus planes son creíbles. Estás tan interesado en vivir una vida emocionalmente satisfactoria como en alcanzar objetivos externos.

Donald, con Júpiter en Capricornio, se crio en el seno de una familia de empresarios en la que se juzgaba a todos según su rendimiento y su éxito empresarial. Tras obtener un máster en Administración de Empresas en la Universidad de Pensilvania, comenzó su carrera en la banca, donde ascendió rápidamente a un puesto de mando en un banco internacional. A los treinta y tres años, fue destituido por un escándalo de corrupción que implicaba la falsificación de informes comerciales.

Durante su estancia de dos años en una prisión de lujo, Donald comprendió que su obsesión con la riqueza y el poder le había robado las relaciones tiernas y vulnerables con otros seres humanos. Creó un programa de doce pasos para personas que han caído en una relación adictiva con la ambición. Desde entonces, este programa ha ayudado a muchos a encontrar el camino de la ambición a la generosidad.

Júpiter en Acuario

La celebración acuariana de la singularidad, el pensamiento global y los valores comunitarios crece a lo grande con Júpiter en juego. También puede darse un énfasis excesivo en la diversidad *per se*, o una actitud pedante fruto de la creencia de que su noción del panorama general es la única aceptable.

PRIMITIVO. ¡Los frikis están de enhorabuena contigo! Eres lo más raro, diferente e inconformista posible, solo para provocar a la gente y hacerla reaccionar. Cuando los demás dicen «sí», tú dices «no». Al mismo tiempo, esperas que te adoren sin rechistar por tu sabiduría. «Si yo lo creo, más vale que tú también»: esa es la prueba de fuego para los seres humanos que aceptarás en tu círculo.

ADAPTATIVO. Reúnes a amigos de todos los rincones para disfrutar en comunidad. La gente acude a ti en busca de apoyo para pensar con originalidad y, a veces, para superar sus limitaciones. Tu visión es amplia y práctica, al tiempo que atiendes puntos de vista únicos y personales.

EVOLUTIVO. Reconoces que si todos nos unimos desde el lado más vulnerable de nuestra humanidad, el futuro es nuestro y tu intención es guiar al mayor número de personas posible hacia la construcción de un mundo mejor. Buscas conseguirlo uniendo todas las fuerzas. Entiendes que la incertidumbre es una realidad incontrovertible, y por eso honras el no saber como un misterio que hay que experimentar.

Júpiter en Piscis

Aquí se expanden las poderosas capacidades de Piscis para la empatía, la conexión psíquica y la compasión. También puede hacerlo la sensación de tiempo de espera, de estar perdido o de ser víctima de tus circunstancias o de otras personas.

PRIMITIVO. Tu carta de presentación es la confusión y la evasión. Te gusta soñar, pero no hacer; de manera que mejor que no te lo pidan. Cuando no haces nada, la culpa siempre es de otro.

ADAPTATIVO. Con sensibilidad y maestría, motivas a los demás para que dejen de limitarse a soñar y se esfuercen por hacer realidad lo que desean. La gente reconoce tus dones de adivinación y te consulta para obtener orientación oracular. Dentro de ti hay una fe ardiente y activa que impulsa a otros a realizar grandes obras.

EVOLUTIVO. Como místico práctico, atraes milagros de cooperación y compromiso. Individuos de todos los rincones del mundo acuden a ti para que los animes en sus esperanzas para la humanidad. Dentro de ti hay una vela permanentemente encendida de empatía, bondad y servicio.

Prácticas para Júpiter ....

Sumérgete

Utilizando la definición evolutiva de tu Júpiter, haz una acción al día que alcance este nivel de expresión. Todo lo que seas capaz de hacer, anótalo en un cuaderno titulado «Los milagros son posibles».

Relaciónate

Escribe una definición de lo que significa la generosidad para ti y cuál sería tu expresión diaria de generosidad definitiva y realista.

Practica esa expresión con los demás diariamente durante una semana.

Arriésgate

Júpiter nos pide que ampliemos nuestra base de conocimientos, que nos volvamos más sofisticados. Cumple su cometido adquiriendo conocimientos en un área que no conozcas. Escoge cualquier campo por el que sientas curiosidad, pero al que aún no hayas dedicado el tiempo o la energía necesarios para conocer a fondo.

Dedica un mes a estudiar este tema de una forma u otra para aumentar el alcance de tu abundancia.

Reflexiona

¿En qué momento de tu vida te has sentido, aunque sea por unos instantes, verdaderamente pleno y lleno de gracia? Reflexiona sobre todos los componentes de ese momento o época. Recoge todo el material que puedas que te haga revivir ese momento: fotos, purpurina, pequeños objetos..., cualquier elemento que te haga recordar ese tiempo como una experiencia sentida.

Reúne tus materiales en un *collage* que refleje todos los aspectos de esa experiencia de Júpiter. Compártela con alguien que te aprecie.

Preguntas para el círculo de conversación

Reúnete con una o más personas que hayan leído este capítulo. Escoged un tema de conversación que todos hayáis acordado (ver la nota de «Preguntas para el círculo de conversación» en el capítulo dos). Pedid a cada uno que responda, por turno, a las siguientes preguntas, de una en una. Asegúrate de que no haya conversaciones cruzadas ni secundarias; este es un momento para hablar sin distracciones ni interrupciones. Antes de empezar, estableced el acuerdo de mantener la confidencialidad de lo que se diga en el círculo, escuchar con atención, hablar con espontaneidad y tener en cuenta el tiempo, para que todos tengan la oportunidad de responder a cada pregunta.

1. Describe, en detalle, lo que expande tus sentimientos de gracia y gratitud.
2. ¿Quién te ha demostrado un espíritu verdaderamente generoso? ¿De qué manera?
3. ¿Dónde tiendes a pasarte de la raya y a excederte? ¿Qué desencadena este comportamiento?
4. ¿Cuándo has tenido la sensación de estar aprendiendo de verdad? ¿Cuál es tu mejor manera de buscar el conocimiento?
5. Di a los integrantes de este círculo cómo pueden apoyarte para ampliar tu espíritu de aventura y aprendizaje.
6. Haz que cada persona exponga una forma en que este círculo de escucha haya ampliado su compromiso con el crecimiento personal.

¿Qué son los hombres para las
rocas y las montañas?

JANE AUSTEN

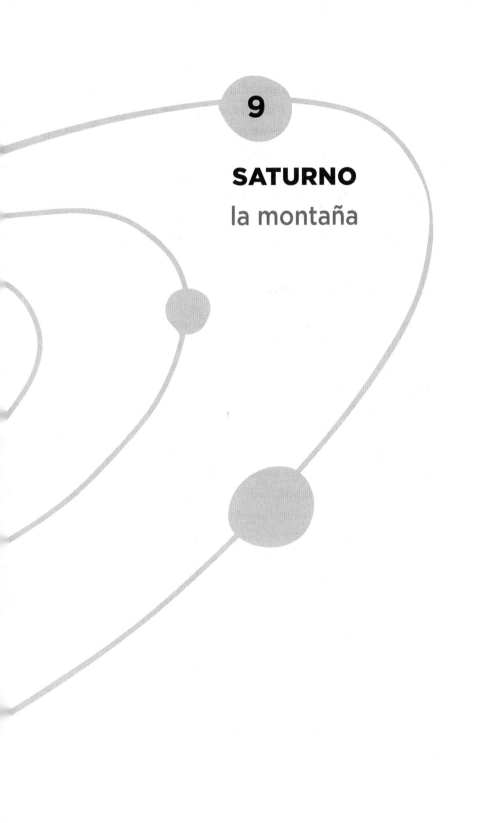

9

SATURNO

la montaña

Saturno es la limitación, la tradición, la necesidad, la estructura, la responsabilidad; es lo que da forma a lo informe. Equilibra la energía expansiva de Júpiter con la contracción. Este planeta es un severo patrón que nos enfrenta a la muerte, al envejecimiento y a otras realidades frías, duras y concretas. Saturno nos separa de la dicha sin forma de la que procedemos. Representa al Padre Tiempo y rige el karma y la justicia. Y aunque no sea precisamente alguien a quien invitarías a una cena, su fuerza, su forma y su estructura son lo que hace posible todo lo demás.

EL MITO DE SATURNO

En la antigua mitología romana, Saturno era un dios que se encargaba de la agricultura y de las estaciones y era considerado el padre de los dioses, uno de los siete titanes que acabó siendo depuesto por Júpiter, el hijo que nunca se pudo comer (recordemos que la madre de los hijos de Saturno le entregó una piedra en su lugar, lo que permitió a Júpiter escapar y acabar derrocándolo). El equivalente griego de Saturno era Kronos, el dios que velaba por el paso del tiempo. Los templos y sacrificios dedicados a Saturno eran una parte importante de la vida religiosa romana; si Saturno no estaba de tu lado, tus asuntos seguramente no saldrían bien.

Saturnalia, una antigua celebración que se llevaba a cabo en diciembre durante siete días, era la más popular de todas las fiestas romanas. El sábado lleva el nombre de Saturno.

LA MONTAÑA

Cuando imaginamos a Saturno como una montaña, recordamos que cada uno de nosotros ha encarnado para emprender la gran escalada de la manifestación y la culminación del karma. En la gran montaña, soportamos las pruebas y tribulaciones del ser humano y nos enfrentamos tanto a nuestras capacidades como a nuestros límites. Nadie termina la escalada en una vida, pero sí alcanza cimas y picos, y también cae en valles.

Todos tenemos lecciones que aprender, y la importancia de Saturno radica en el aprendizaje de estas lecciones. Estamos aquí para atravesar tremendos sufrimientos hasta alcanzar la solidez y la paz de la montaña. Cuando emprendemos el trabajo con humildad y diligencia y sin quejarnos ni autocompadecernos, podemos encontrar una gran satisfacción duradera en nuestro autodesarrollo y en las obras que realizamos en nombre de todos los seres.

SATURNO EN LOS SIGNOS

La ubicación de Saturno en la carta astral es de vital importancia para el panorama general de la «escuela de la vida» de cada individuo y sus poderes de manifestación. Transmite información sobre la capacidad de la persona para la disciplina, la responsabilidad, el rigor y el esfuerzo cuidadoso y persistente.

Saturno en Aries

Saturno en Aries puede expresarse a través de tendencias de mando, dominación y tiranía. Su expresión más evolucionada se ve mejor en una postura protectora, valiente y compasiva en nombre del bienestar prójimo.

PRIMITIVO. Imprudente y hostil, controlas todos los movimientos de los otros. Consideras que tu trabajo es hacer daño a los demás porque, en última instancia, es por su propio bien. Cuando levantas la mano, más vale que corran; no tienes tiempo de reflexionar sobre ellos porque tu voluntad debe cumplirse.

ADAPTATIVO. Utilizas tu considerable poder y autoridad para servir a los marginados, empleas tu valentía para apoyar a quienes no pueden defenderse, y ofreces tu fuerza de convicción y tu carácter cuando trabajas con gratitud junto a los demás.

EVOLUTIVO. Eres una fuerza de auténtica bondad, arraigada en una profunda empatía. Has comprendido profundamente la causa y el efecto, y aplicas todas tus acciones con consideración reflexiva. Dicen que eres un héroe para los desvalidos, pero en realidad, estás trabajando para salvar tu propia alma desprendiéndote cada día de tu ego.

Saturno en Tauro

Con el poder de Saturno enraizado en la estabilidad terrestre de Tauro, puede haber una necesidad de seguridad y estabilidad y de un enfoque gradual y a largo plazo. Puede ser tentador quedarse completamente atascado en la terquedad o en una obsesión por la seguridad financiera. Canalizado evolutivamente, Saturno en Tauro puede aportar una enorme paciencia frente a los obstáculos.

PRIMITIVO. Estás hundido en el barro, incapaz de moverte. Te muestras resentido y despectivo, y te sientes constantemente engañado. Ignoras a los demás, negándoles tu tiempo y tu energía porque crees que te subestiman.

ADAPTATIVO. Realizas actividades con constancia y sin problemas. Te aseguras de cumplir con tu palabra; no dejas que los sentimientos mezquinos o los obstáculos pesados te disuadan de tu camino. Los demás destacan tu forma centrada de actuar.

EVOLUCIÓN. Tu ecuanimidad para atender los asuntos terrenales es digna de un Buda. La gente percibe tu aire de compasión y acude a tu lado para sentirse parte de tu manifestación divina. Muestras una lealtad inquebrantable hacia la tendencia al despertar de todos los seres.

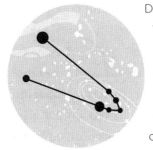

Desde muy joven, Martha, con su Saturno en Tauro, amaba el lujo. Coleccionaba estatuas y joyas y estaba obsesionada con *The Bachelor*, un programa de televisión que alimentaba sus fantasías de encontrar un marido rico que le proporcionara todos los caprichos que deseaba y una vida de comodidades extravagantes.

Sus sueños parecieron hacerse realidad cuando, a los veinticuatro años, encontró a Brett, guapo, rico y extraordinariamente romántico. Tras dos años de felicidad conyugal y la llegada de su primer hijo, Brett se fue distanciando cada vez más. A través de un amigo, Martha se enteró de que tenía esposa e hijos en otro país al que viajaba por negocios.

Martha tuvo que enfrentarse a su sombra, que era que los ideales románticos y la seguridad habían nublado su propio sentido de los valores y la autoestima.

Abandonó su matrimonio y pasó los siguientes cuatro años en terapia intensiva. Volvió a la escuela para estudiar cosmetología y ahora trabaja voluntariamente como mentora para enseñar a las jóvenes la importancia de la voluntad y la autosuficiencia.

Saturno en Géminis

Las personas con este emplazamiento son muy adaptables y buenas para crear estructuras en el ámbito de la abstracción mental. La expresión menos evolucionada puede revelarse en forma de dificultades con la expresión verbal y la distracción.

PRIMITIVO. Como te niegas a realizar el trabajo necesario para aprender a comunicarte eficazmente, tus habilidades verbales se ven mermadas. Utilizas las palabras de forma descuidada, cruel y descarada, sin importarte lo que piensen los demás. Tu mente está constantemente llena de ruido, que alimentas con más y más distracciones, materializando así tu miedo más profundo, que es el de parecer estúpido ante los demás.

ADAPTATIVO. Tu atención a la expresión correcta es constante. Ves las palabras como herramientas celestiales para la iluminación. El ingenio y el humor te llevan al mundo de la conexión. Después de estar contigo, la gente siempre se siente mejor consigo misma. Cuando trabajas con otros, se sienten como transportados rápidamente a su mejor estado mental posible.

EVOLUTIVO. Tu claridad de pensamiento y tu comprensión son notables. Eres capaz de ver a través de los atolladeros de la confusión, y ayudas a otros a descubrir sus propias claves para actuar con decisión. Cuando la gente trabaja contigo, se ve impulsada a un estado visionario de manifestación. En tu caso, si se puede decir, se puede hacer.

Saturno en Cáncer

Una expresión poco evolucionada de la estructura y la disciplina de Saturno a través de la mirada emocional y maternal de Cáncer puede significar que el yo sentimental tome las riendas sin el apoyo adecuado de la razón y la previsión. Sin embargo, si se canaliza correctamente, este emplazamiento favorece la realización de la mejor combinación posible de compasión y límites firmes: lo más avanzado de la inteligencia emocional.

PRIMITIVO. Tus sentimientos marcan tu día a día. Pesimista y malhumorado, te arrastras como un gato con la cola grande y mojada. Si no terminas algo, es fácil culpar a los demás; después de todo, *ellos te* han hecho sentir mal. No asumes la responsabilidad de tus errores; deberías pasar de todos modos. Tus padres tienen la culpa de todos los problemas con los que te has enfrentado a lo largo de tu vida.

ADAPTATIVO. Eres muy consciente de las debilidades de los demás y proteges sus puntos sensibles con un comportamiento atento y respetuoso. A la gente le gusta trabajar a tu lado porque puede confiar en tu cuidado constante y en tus límites seguros. Tu naturaleza reflexiva y tranquila ayuda a los demás a consolidar sus cualidades.

EVOLUTIVO. El manantial de bondad que emana de ti llena a todos los que te rodean. La manifestación de tus sueños llega a través de la disciplina y la gentileza diarias. A todo el mundo le encanta estar contigo, ya que irradias un brillo de gracia y fe que surge de realizar buenas obras de forma constante.

Saturno en Leo

La persona con Saturno en Leo tiene el potencial de liderar y enseñar a otros con valor, creatividad y mucha energía positiva. Si se expresa de manera más primitiva, esta posición puede resultar arrogante, egocéntrica, excesivamente orgullosa o ávida de atención.

PRIMITIVO. Lideras a los demás mirándote el ombligo. Si tú quieres hacer algo, todos los demás deberían querer hacerlo también. Estás tan metido en tu interpretación de la realidad que crees que deberías tener tu propio *reality*. Los demás te encuentran insufriblemente egocéntrico.

ADAPTATIVO. Tus acciones se centran en el corazón. A la gente le encanta trabajar a tu lado porque aportas alegría a las tareas más sencillas. Si te encuentras con alguien que podría ser tu archienemigo, encuentras la manera de convertirlo en tu aliado ayudándolo a desarrollar su contribución creativa.

EVOLUTIVO. Tu expansiva bondad amorosa abarca todo lo que haces. Tu lema es «si no sale del corazón, no sale bien». Eres un receptáculo para todas las chispas únicas de creatividad y formas con ellas una guirnalda de luces expresivas.

Desde niña, Priscilla, que tiene a Saturno en Leo, destacó en el arte dramático. Era conocida por su humor y su capacidad de interpretar espontáneamente, y se hizo muy popular en todos los círculos en los que participaba. Siempre era el alma de la fiesta. Se esforzó mucho en crear sus propios monólogos cómicos y a los dieciocho años ya era una de las estrellas de un importante club de comedia de Chicago.

Priscilla se convirtió en una luz que resplandece constantemente en el mundo de la comedia de improvisación, y ha dedicado decenas de años y cientos de horas de duro trabajo a esta vocación. Sin embargo, su aspecto más destacable es que emplea buena parte de su tiempo y esfuerzo en ayudar a otros jóvenes comediantes a encontrar su camino hacia la fama.

Saturno en Virgo

En las expresiones más primitivas, Saturno en Virgo podría mostrarse como intimidante debido a su enfoque excesivo en los detalles y a la crítica de sí mismo y de los demás. El goce y la flexibilidad pueden parecer inalcanzables. Un uso más evolucionado de esta posición supone aprender a recordar la amplitud, la atención y el cuidado de uno mismo, sin dejar de mantener el suficiente rigor para acertar en los detalles importantes.

PRIMITIVO. Atrapado en el ajetreo, como una hormiga que deambula entre montículos de tierra, no logras encontrar ningún momento de descanso. Estás atado al deber. Los demás temen los guantes de seda que llevas porque tienen pinchos en los nudillos.

Eres crítico y rígido en tu forma de actuar; no dejas espacio para la fluidez o el juego.

ADAPTATIVO. Eres impecable en tus métodos para alcanzar tus objetivos; al mismo tiempo, eres suave y relajado en tu ritmo y tono. Los demás disfrutan trabajando contigo porque saben que puedes ayudarlos a alcanzar la excelencia, aunque no a expensas de un intenso sentimiento de unión durante el proceso.

EVOLUTIVO. Tu alto nivel de exigencia va acompañado de un verdadero aprecio por la alegría del momento presente. Expresas una sensación de paz en todo lo que haces porque estás enamorado de cada detalle de cada momento, independientemente de los defectos o errores. Eres responsable de tus elecciones e inspiras a los demás a elegir sabiamente y con una gran dosis de autoaceptación.

Saturno en Libra

En este emplazamiento, el poder de Saturno puede verse mermado por la indecisión y las preocupaciones superficiales sobre la apariencia, la imagen y otras vías para agradar a los demás, en lugar de centrarse en el verdadero propósito. Sin embargo, una vez que el nativo de Saturno en Libra descubre cómo conectarse con la esencia de una tarea, su enfoque se vuelve equilibrado, armonioso y elegante, en lugar de disperso.

PRIMITIVO. ¿Estás un poco obsesionado con tu imagen? Quizá te mires mucho en los espejos. ¿Te cuesta meterte de lleno en el proyecto y profundizar en la sustancia? ¿Eres demasiado indeciso para tomar una resolución? Cuando tienes tantas cosas en las que pensar y tanta gente a la que complacer es difícil seguir adelante.

ADAPTATIVO. Posees una claridad y una perspectiva extraordinarias en todas las tareas. Ves el equilibrio de todas las cosas y te diriges directamente a la creación de una contribución hermosa y sustancial. La gente destaca tu estilo y profundidad, así como la elegancia con la que comunicas tu visión.

EVOLUTIVO. Eres el avatar del aplomo emocional y social, emanas un aire de seguridad que se basa en el verdadero autodominio y en una enorme capacidad sin arrogancia. Eres capaz de sentar a la mesa a todas las partes en aras de un bien mayor. Tu legado es una expresión sin fisuras de la belleza de hacer las cosas bien y con armonía.

Saturno en Escorpio

El nativo de Saturno en Escorpio en su expresión más primitiva puede ser un sádico o un déspota; cuando evoluciona, es capaz de construir movimientos intensamente transformadores, uniendo a la gente en sus pasiones más profundas y perseverando a través de obstáculos de todo tipo. Esta persona se caracteriza por enfrentarse sin miedo a las fuerzas del mal.

PRIMITIVO. Eres capaz de poner a alguien en un potro de tortura medieval si se pasa contigo. Te duelen los nudillos de todos los golpes que te has dado a ti mismo y a los demás. Terminarás por imponerte, no importa lo bajo que tengas que caer, y si es necesario, te autodestruirás para demostrar que tenías razón.

ADAPTATIVO. Tu resolución interior coincide con tu tranquilidad exterior. Puedes mantenerte centrado y disciplinado pese a las distracciones, los detractores y los contratiempos. A la gente le gusta trabajar a tu lado porque les produce una intensa satisfacción.

EVOLUTIVO. En un sentido metafísico, transformas el plomo en oro. La energía negativa se convierte en combustible espacial para una inmensa innovación social y una revisión radical. Llegas a las motivaciones más profundas de las personas. En tu presencia, encuentran las soluciones más nobles y fructíferas.

Jemal, con Saturno en Escorpio, nació en una familia de adictos. A los dieciséis años estaba enganchado a la heroína. También era un músico consumado, y aunque su adicción a la heroína no interfirió en su devoción a la música, sí puso su vida en peligro. A los veintitrés años, ya se había recuperado de dos sobredosis y había pasado largas temporadas en programas de rehabilitación de drogas.

A los veintinueve, volvió a recaer y estuvo un tiempo en la cárcel. Tras su puesta en libertad, a los treinta y uno, vivió durante dos años en una residencia para personas con problemas de alcoholismo, y se dedicó a enseñar técnicas musicales de *jazz* a los residentes. Actualmente, Jemal está escribiendo unas memorias basadas en su experiencia de convertir la oscuridad en creatividad comprometida.

Saturno en Sagitario

Sagitario está regido por Júpiter, el opuesto energético de Saturno. Su energía expansiva, que ama la libertad, se ve desafiada por las duras fronteras y limitaciones de Saturno. Puede haber una sensación de estar atrapado entre la esperanza optimista y el pesimismo nihilista. Expresado de manera evolutiva, este emplazamiento es una gran configuración para la transmisión disciplinada y clara del conocimiento; la búsqueda del aprendizaje cognitivo-corporal* y

---

* N. del T.: El aprendizaje cognitivo-corporal es una teoría con orientaciones pedagógicas basada en la interacción entre el cuerpo y la mente. Se basa principalmente en experiencias

el significado; y la experiencia en la aplicación de principios y sistemas de creencias.

PRIMITIVO. Eres rimbombante, soberbio, exagerado, engreído... pero ¿quién cuenta tus errores? Emprendes un camino y no escuchas otras opciones porque tu manera de hacer las cosas es la correcta. Los demás sienten que los reprendes y tratas de forma condescendiente con tus opiniones arrogantes.

ADAPTATIVO. Te distingues por establecer un tono positivo y abierto en cualquier iniciativa o emprendimiento. La gente se siente animada y alentada por tu sentido de la aventura, que está guiado por una disciplina y una brújula que marca claramente tu norte. Tu calidez y entusiasmo van acompañados de conocimientos y sabiduría acumulada; por eso, tus decisiones son dignas de confianza.

EVOLUTIVO. Eres un defensor a ultranza de las fortalezas y posibilidades de todas las personas y el líder por excelencia de los avances del progreso. Eres un visionario y a todos les encanta trabajar contigo; posees un optimismo contagioso, unido a estrategias rompedoras. En tu entorno se aprecia y respeta la autonomía y la opinión de todos.

Saturno en Capricornio

Capricornio está regido por Saturno, un planeta que se encuentra muy a gusto en la ubicación de este signo. Puede significar seguir las reglas, preocuparse por la reputación y mostrar una disciplina constante. El nativo de Saturno en Capricornio tiene la fortaleza para escalar la montaña hasta su cima y no suele interesarle romper las reglas o desviarse más allá de lo seguro hacia un territorio inexplorado.

---

o vivencias en las cuales se capta la información a través de sensaciones y movimientos. (Fuente: Universidad de Valladolid,https://uvadoc.uva.es/handle/10324/41341).

Cuando se expresa en un nivel primitivo, esta misma persona puede caer en un patrón de poner la ambición por encima de todo lo demás, estancarse por el exceso de precaución o quemarse.

PRIMITIVO. Reglas: rígidas. Columna vertebral: erguida. Eres conservador y controlador. Más vale que nadie dé un paso en falso si no eres tú, y si lo eres, no tendrás ningún problema en justificarlo. Crees que te mereces llegar a la cima como sea, porque sabes muy bien que tu marca es la superior. Las reglas no se han hecho para ti; son solo para esos otros miserables.

ADAPTATIVO. El coraje y la fortaleza son tus valores sociales. La gente puede apoyarse en tus enormes hombros y disfrutar de la protección de tu ánimo y tu semblante positivos. Eres razonable y práctico, y puedes resonar de una manera instructiva con los sentimientos de los demás.

EVOLUTIVO. Tienes una resistencia épica y valores duraderos. Invitas a los demás a entrar en una elevada atmósfera de excelencia y de consciencia arraigada. A la gente le encanta formar parte de tus planes porque haces que los proyectos sean accesibles, factibles y profundamente enriquecedores. Eres una roca de responsabilidad junto a un estanque de actitudes refrescantes.

Saturno en Acuario

Aceptar las ideas fijas, especialmente las que son revolucionarias o visionarias, es parte del potencial de Saturno en Acuario. La persona con este emplazamiento no teme romper las reglas; no necesita ajustarse a la forma de hacer las cosas de los demás. Una expresión poco evolucionada aquí puede hacerle parecer un rebelde sin causa, que desperdicia una valiosa influencia y energía y permanece desconectado del corazón palpitante de la autonomía de cada individuo.

PRIMITIVO. Fijo en la perspectiva y poco dispuesto a ceder, puedes estar tan bloqueado que no entra nada en ti. Adherido a la tradición o incluso a la rebelión, tus métodos pueden ser tiránicos; te sientes con derecho a ello por tu visión superior. Los demás pueden encontrar tu obstinación y estrechez de miras desagradables y rudas. Señorial y desapegado, gobiernas con frialdad.

ADAPTATIVO. La lucidez de tu pensamiento te guía y guía a los demás a alcanzar metas espectaculares. Superas las expectativas mortales de una organización y una planificación depuradas. Gracias a tu naturaleza humanitaria consigues que otros ofrezcan su compasión y sus servicios para lograr mejoras y políticas duraderas.

EVOLUTIVO. Para los demás representas la cúspide de la autoconciencia y la realización. Con tu flexibilidad de miras y tu firme diligencia, elevas a quienes te rodean al orden moral más elevado. Respondes a las causas en la misma medida que prestas atención al corazón de cada uno. Tu valentía y tu humildad, a nivel emocional y social, son una inspiración para todos.

Saturno en Piscis

Un Saturno en Piscis en un nivel primitivo puede revelarse como un desafío a la planificación, la previsión y el progreso, así como una tendencia a culpar a otros cuando las cosas no salen según lo previsto. Una expresión más evolucionada refuerza el impacto de la naturaleza creativa, expresiva, empática e intuitiva de Piscis, lo que da estructura a sus sueños y a su felicidad.

PRIMITIVO. Quedaste cautivado por la imagen del hombre en la cruz, especialmente por la parte de la historia en que lo crucifican. Tu narrativa de victimismo justifica que no sigas adelante con tus ideas. Son los demás los que tienen que arreglar tus problemas emocionales porque no reconoces que tus acciones tengan conse-cuencias. Lo único que haces es quejarte.

ADAPTATIVO. En el seno de un profundo altruismo avanzas lle-vando a otros a la luz. Posees una encomiable capacidad de supera-ción emocional, y la gente encuentra en ti un bálsamo de consuelo durante las intensas pruebas de sufrimiento. Tu voluntad de esfor-zarte por alcanzar los sueños es inagotable, y te renuevas con una práctica espiritual constante.

EVOLUTIVO. Eres una versión radiante de la consciencia de *bodhi-sattva*. Tu presencia iluminada inspira a otros a elevar sus acciones para el bien de todos. A la gente le encanta trabajar a tu lado; al ha-cerlo, sienten que sus corazones se abren y su creatividad florece. A dondequiera que vayas, dejas la sensación del cielo en la Tierra.

Josselin, con Saturno en Piscis, fue criada por dos activistas *hippies* progresistas. Durante su niñez, estaba acostumbrada a ir a mani-festaciones una vez al mes. Recibió una educación poco convencional en la que el servicio a la comunidad era un punto central, y desarrolló su propio plan de estudios para un instituto alternativo de su ciudad. Ahora, como jo-ven adulta, organiza una vez al año un simposio para unir causas y líderes con la juventud más avanzada del país.

Prácticas para Saturno ....

Sumérgete

Escoge una disciplina que puedas realizar cada día, algo que apoye tu carácter y tu crecimiento. Por ejemplo, medita durante diez minutos cada mañana y noche o dedica quince minutos al día a organizar tu espacio o tu agenda.

Haz esta tarea todos los días a la misma hora durante treinta días. Escríbete a ti mismo una nota de agradecimiento cada día por haberlo hecho. Al final de los treinta días, ofrécete un pequeño premio como reconocimiento a tu esfuerzo.

Para honrar de manera solemne a tu Saturno —sea cual sea su ubicación— repite este compromiso de treinta días durante un año, con diferentes disciplinas para cada mes.

Relaciónate

Elige a alguien en tu vida con quien puedas hacer un intercambio de Saturno. Esta persona te enseñará a aprender y dominar algo, y a cambio tú le enseñarás a aprender y dominar cualquier otro asunto. Por ejemplo, puedes pedirle a un amigo que te enseñe a cocinar comida mexicana, mientras tú le enseñas a escribir artículos.

Ponte de acuerdo para trabajar con el otro hasta que ambos hayáis logrado vuestro objetivo. No permitas que los contratiempos te hagan perder el rumbo. Si cualquiera de los dos se siente detenido por algo, simplemente reagrupaos y volved a la línea de salida; este es el regalo de Saturno: no permitir que los obstáculos te desvíen.

Arriésgate

Trabaja un día de voluntario para una causa que no tenga nada que ver contigo ni con tus intereses. Dedícale una jornada entera a esta tarea. Aprende por qué es crucial para los demás, ya que esto te permitirá desarrollar un sentido de responsabilidad social altruista en lugar de estar centrado en ti mismo.

Reflexiona

Escribe una historia o un resumen sobre cómo te enseñaron disciplina: las formas buenas, malas y desagradables en las que la aprendiste. Describe lo mejor que has aprendido sobre tu palabra y tu trabajo. Señala qué métodos o consejos no te han servido de nada.

Luego, escribe un contrato contigo mismo para volver a comprometerte con los métodos de disciplina que te hacen dar lo mejor de ti.

Preguntas para el círculo de conversación

Reúnete con una o más personas que hayan leído este capítulo. Escoged un tema de conversación que todos hayáis acordado (ver la nota de «Preguntas para el círculo de conversación» en el capítulo dos). Pedid a cada uno que responda, por turno, a las siguientes preguntas, de una en una. Aseguraos de que no haya conversaciones cruzadas ni secundarias; este es un momento para hablar sin distracciones ni interrupciones. Antes de empezar, estableced el acuerdo de mantener la confidencialidad de lo que se diga en el círculo, escuchar con atención, hablar con espontaneidad y tener en cuenta el tiempo, para que todos cuenten con la oportunidad de responder a cada pregunta.

1. Explica cómo tu educación te preparó o no para las responsabilidades reales de la vida adulta.
2. ¿Cómo afrontas tus responsabilidades hoy en día? ¿Cuál es tu actitud hacia el trabajo?
3. ¿Cómo has superado tus peores adversidades? ¿Quién o qué te ha ayudado?
4. ¿Quiénes han sido tus modelos de conducta por su ética de trabajo? ¿Por qué?
5. Si tuvieras que dejar un solo legado, ¿cuál sería?
6. Nombra una cosa que te hubiera gustado llevar a cabo y qué diferencia habría supuesto.
7. Menciona algo que quieras realizar y que necesites apoyo para hacerlo. ¿Qué diferencia supondrá para ti y para los demás cuando lo consigas?

A veces, el mundo parece la sala de
espera del servicio de urgencias...
Los que estamos más o menos bien por
ahora tenemos que cuidar con la mayor
ternura posible a los más graves de la sala,
hasta que llegue el médico.

ANNE LAMOTT

La gran quimera del liderazgo
es pensar que el hombre puede
ser guiado fuera del desierto por
alguien que nunca ha estado allí.

HENRI J. M. NOUWEN

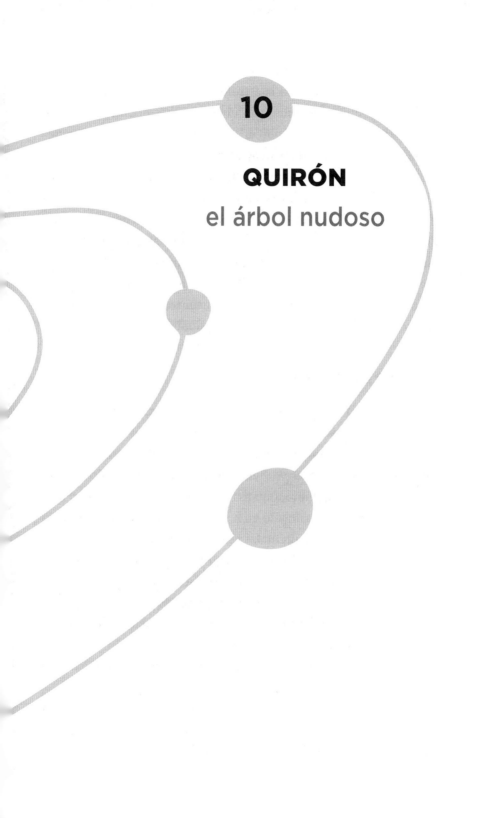

10

QUIRÓN

el árbol nudoso

Quirón es un cometa en órbita que se considera un «planeta menor» en la astrología psicológica moderna. Representa el arquetipo del sanador herido: un símbolo de la verdad fundamental de que una persona que ha sufrido una herida es la más capacitada para ayudar a otros a sanar.

En un sentido más amplio, Quirón nos recuerda que, para ser sensibles a las necesidades de los demás, debemos examinar nuestras propias heridas personales. Aunque algunos tenemos heridas que pueden parecer más graves y dañinas que las que la vida ha infligido a otros, la presencia de Quirón en todas las cartas astrales nos recuerda que vivir es recibir heridas –de alguna manera– y que todos tenemos que sanar. Y que, del mismo modo, todos tenemos la capacidad de sanar a quienes lo necesitan.

EL MITO DE QUIRÓN

En la mitología griega, Quirón era uno de los centauros, una raza de criaturas en parte humanas y en parte equinas que vivían en las montañas. Quirón era conocido por su sabiduría y sus conocimientos médicos. Era el producto de la unión entre el dios Crono y una ninfa llamada Filira, que tenía tan poco interés en aparearse con Crono que se transformó en una yegua para intentar apartarlo. Él se convirtió en un semental, se satisfizo y la abandonó.

Filira dio a luz a Quirón y luego lo abandonó. El mito dice que fue adoptado por el dios griego del sol, Apolo, que le enseñó tanto que se convirtió en un respetado maestro. Entonces, Quirón fue herido accidentalmente en una rodilla con una flecha que había sido impregnada en la sangre de un monstruo llamado Hidra: este era un tratamiento conocido por crear una herida que nunca se curaría y que causaba un enorme dolor.

Al ser inmortal, Quirón debía soportar una dolorosa herida que no se curaría en toda la eternidad. Solo cuando aceptó el papel de Prometeo –que había sido encadenado a una roca por robar el fuego del Olimpo y entregarlo a los mortales y que estaba condenado a que un águila se comiera un trozo de su hígado todos los días para reponerse y volver a enfrentarse cada día a lo mismo— logró renunciar a su inmortalidad. Al final, la muerte lo liberó de su sufrimiento. Desde entonces, aparece en el cielo nocturno como la constelación de Centauro.

EL ÁRBOL NUDOSO

Un árbol nudoso se mantiene en pie, sin disculparse por su forma única, con todas sus heridas. Al aceptar plenamente nuestras heridas y nuestras respectivas historias emocionales, alcanzamos un estado de curación, por dentro y por fuera. Cuando aceptamos la realidad tal como es y como ha sido, los demás pueden refugiarse en nuestra sombra y encontrar la gracia en su interior.

Quirón, como el árbol nudoso, nos recuerda nuestra integridad, que incluye nuestras heridas o deformidades emocionales o físicas.

QUIRÓN EN LOS SIGNOS

La ubicación de Quirón en nuestra carta astral podría darnos una valiosa información sobre una parte de nosotros mismos en la que tenemos una profunda herida cuya curación puede hacernos especialmente capaces de servir a la curación de los demás.

Quirón en Aries

Que las personas heridas hieren a los demás es un hecho ampliamente reconocido. Y el lado impulsivo, inmaduro, obstinado y egoísta de Aries puede convertir las heridas no sanadas en un arma que hace mucho daño. La expresión más evolucionada que viene con la autocuración hace que el nativo de Quirón en Aries sea un enérgico portador de ayuda que puede levantar a otros con su fuerza y su gracia contundente.

PRIMITIVO. Desde una edad temprana, te has sentido rechazado y despreciado. Recurres a tácticas de intimidación para salirte con la tuya. Te aferras obstinadamente a esta estrategia, incluso cuando, una y otra vez, te mete en problemas. Cuando esto ocurre, ves la culpa en los demás, por eso sigues utilizando el miedo.

ADAPTATIVO. Heroico y humilde, avanzas a grandes zancadas para ayudar a los demás a encontrar sus puntos fuertes. Eres consciente de la importancia de la diplomacia y la escucha profunda en todas tus actividades. La gente confía en ti por la fuerza resistente y estable que proviene de tu madurez.

EVOLUTIVO. Eres un ejemplo de habilidad social y emocional; a medida que te adentras en territorios inexplorados de transformación, eres excepcionalmente considerado con las necesidades de los demás. Todos disfrutan del cálido fuego de la confianza que evocas en ellos.

Durante toda su infancia, Dave, con Quirón en Aries, padeció de migrañas crónicas. Cuando tenía dieciséis años, tuvo un accidente de coche en el que sufrió una grave lesión en la cabeza. Pasó muchos años yendo a centros de rehabilitación y consultas médicas. Se sentía furioso por su situación y a menudo se desquitaba con los demás.

Tras unos años de relaciones fallidas e intentos infructuosos de encontrar su medio de vida adecuado, se dio cuenta de que tenía un verdadero talento para entender las lesiones de cabeza. Decidió estudiar osteopatía. Ahora, su trabajo a tiempo completo es ayudar a las personas con lesiones cerebrales: su propia herida se transformó en su profesión de sanador.

Quirón en Tauro

La influencia terrenal de Tauro sugiere tanto las heridas como la curación con respecto a la seguridad física o la seguridad del entorno, que puede abarcar el hogar, la comunidad o el planeta entero. Este emplazamiento podría influir en la seguridad del propio cuerpo, de los cuerpos de otras personas, de los objetos y las posesiones, o de la propia Tierra.

PRIMITIVO. A menudo te sientes mal o indigno, agobiado por una carga de vergüenza. Te corroe la creencia de que eres incapaz de apreciar a los demás o de sentirte amado. Te atormenta la sensación de haber sido traicionado de forma irreparable por tu cuerpo.

ADAPTATIVO. Ver la belleza en lo ajado y desgastado infunde una nueva vida a las personas y posesiones desechadas. Puedes ver a través de las superficies las magníficas capas que hay debajo, y procuras celebrarlas.

EVOLUTIVO. Al aprovechar el potencial de los materiales reciclables y la basura, creas arte comunitario útil y valor añadido. Transformas las nociones de estética de la sociedad para que incluya las cicatrices y las imperfecciones de una vida plenamente vivida.

Quirón en Géminis

Las heridas y la curación de Géminis suelen tener que ver con el lenguaje, la comunicación y las ideas. Un Quirón en Géminis poco evolucionado puede recordar a la frase de William Faulkner «ruido y furia, que nada significan». A medida que se desarrolla la habilidad, el poder de las palabras y el pensamiento se aplica cada vez más a la mejora de la propia vida y la de los demás. Quirón en Géminis también indica diferencias de aprendizaje que pueden frenar a las personas o darles perspectivas a las que otras no pueden acceder.

PRIMITIVO. La ensalada de palabras es tu especialidad; también los chismes malintencionados. Al sentirte tan inseguro de tu inteligencia, te burlas de los demás. Utilizas tu boca como una espita de malicia contra ti y contra los demás.

ADAPTATIVO. Eres muy sensible y hábil para promover el diálogo positivo. La gente se siente segura al hablar de preocupaciones y temas delicados contigo porque manejas sus confidencias con sumo cuidado.

EVOLUTIVO. Utilizas tu inmensa experiencia y compasión, ya sea hablando en público o escribiendo, para educar a la gente sobre la opresión. Te dedicas a descubrir las mentiras y las intenciones ocultas. Aportas aire fresco a historias y planteamientos serios.

Quirón en Cáncer

Una buena canalización de Quirón en Cáncer favorece la curación de las heridas relacionadas con las emociones, el abandono, la maternidad o el hecho de ser madre y lo femenino. A medida que los nativos de este signo trabajan con sus heridas de abandono, pueden ayudar a otros que se sintieron rechazados por quienes los cuidaban.

PRIMITIVO. Un sentimiento de rechazo y abandono por parte de lo femenino nubla tu visión. Actúas como si el mundo te debiera algo. La gente te decepciona constantemente cuando no puede predecir tus necesidades. Eres tremendamente cínico con respecto a la edad adulta y te niegas a crecer.

ADAPTATIVO. Has cultivado notablemente la capacidad de dar cariño y creado un equilibrio estable entre las emociones y la lógica. Ayudas a otros a sentirse seguros y queridos y sabes apaciguar hábilmente sus impulsos destemplados.

EVOLUTIVO. Tu ecuanimidad emocional atrae a gente extraordinariamente serena y compasiva. Asumes el liderazgo de los demás para proteger lo frágil y servir de manera desinteresada. Te sientes renovado continuamente por el manantial de energía divina que fluye a través de ti.

El Quirón de Sylvia está en el signo de Cáncer. Perdió a su madre a los ocho años. Su padre, inconsolable y abatido, se volvió adicto al *crack*. Durante los tres años que pasó sin hogar y en centros de acogida, Sylvia soportó un sufrimiento indescriptible, pero aun así se las arregló para continuar con sus estudios.

En el primer ciclo de secundaria, el profesor de matemáticas de Sylvia descubrió que tenía unas aptitudes extraordinarias. Este profesor la ayudó a ingresar en un internado privado especializado en ciencias y matemáticas. Sylvia se doctoró en la Universidad de Yale y se convirtió en una respetada profesora de matemáticas. Sus clases son las favoritas de los alumnos por el toque teatral que aporta incluso a las lecciones más triviales.

Quirón en Leo

Cuando se expresa a través de Leo, Quirón puede aportar un dramatismo sin sentido y un deseo interminable de aprobación y reconocimiento. O bien ser una fuerza expansiva y poderosa que cura a través de la grandeza del corazón, la creatividad y el amor puro y radiante. Quirón en Leo también puede indicar un robo de la infancia, en el que se intenta constantemente recuperar o curar las heridas del niño interior.

PRIMITIVO. Desgarrado por el amor perdido, repites una y otra vez patrones de carencia autodestructivos. Tu incapacidad para ver las verdaderas necesidades y motivaciones de los demás te arroja a relaciones insanas. Sacrificas la autoestima a cambio de atención.

ADAPTATIVO. Posees una gran sensibilidad para detectar a las personas que necesitan cariño. Se lo ofreces de forma pura, sin pedir nada a cambio. La gente se siente sanada por tu sincera aceptación de su fortaleza y su fragilidad.

EVOLUTIVO. Tu naturaleza magnánima se expande gloriosamente sobre todos los que te rodean. Tu risa fresca crea alegría a dondequiera que vas. Les recuerdas a todos cómo disfrutar plenamente de la historia a medida que se desarrolla, incluso de los altibajos que se encontrarán durante el camino.

Quirón en Virgo

El signo de Virgo ya aporta un enfoque en la unión del cuerpo, la mente y el espíritu de manera saludable, una base importante para cualquier tipo de curación. Este emplazamiento puede arrumbar la sanación tras las barreras de la autocrítica y, a veces, de la enfermedad. Podría significar verlo todo a través de una mirada negativa:

centrarse solo en lo que está mal y quedarse atascado en patrones de creación y recreación de los mismos problemas.

Una expresión evolucionada de Quirón en Virgo aprovecha la paciencia y la orientación al detalle de este signo para favorecer la presencia y la comodidad durante el proceso por encima del resultado, tanto en la curación de uno mismo como en la de los demás.

PRIMITIVO. Propenso a la crítica y al pesimismo, te encierras en estados negativos durante largos periodos. Tu visión de los demás surge de una actitud crítica insufrible y de tu propia sensación de insuficiencia personal. Continuamente arrojas piedras a tu propio tejado.

ADAPTATIVO. Se te da maravillosamente conseguir que la gente aprenda de sus errores sin por ello sentirse mal. En tus tácticas y estrategias dejas un gran margen para experimentar y equivocarse. Tienes una paciencia infinita con el proceso y para ayudar a otros a mantenerse firmes.

EVOLUTIVO. Aceptas por completo a los demás y eres el primero en sacarle partido a cualquier defecto aparente. Los sanas, gracias a tu clara comprensión de sus dudas y, al mismo tiempo, los guías a desarrollar al máximo sus capacidades. Disfrutas enormemente de la salud mente-cuerpo-espíritu porque entiendes que el bienestar holístico es fundamental para vivir con lucidez.

Quirón en Libra

El equilibrio y la belleza son las energías más destacadas de Libra. Cuando se vincula con el arquetipo del sanador herido, Libra puede mantenerte atascado en un enfoque en las apariencias y la impresión externa de belleza, creando y recreando heridas en torno a un sentimiento de no ser nunca *suficiente*. La expresión evolucionada significa emplear la armonía innata de Libra con las personas y las circunstancias externas para promover la curación tanto a nivel individual como colectivo.

PRIMITIVO. Vives enredado en una red de autoengaño y obsesión por la imagen, te cuesta mucho sentirte a gusto contigo. A los demás les repele la fachada de cortesía con la que recubres lo que de verdad tienes dentro; no se fían de tus motivos. Si alguien te pide que vayas con él a algún sitio, puede que digas que sí, pero cambiarás de idea en cuanto aparezca algo mejor. La gente siente que la utilizas a tu antojo.

ADAPTATIVO. Conocedor de la belleza en el más pequeño de los gestos y con un carácter noble y puro, expresas un genuino aprecio por los auténticos talentos. Gracias a tu espíritu de equidad y armonía, promueves las oportunidades para que los demás encuentren el verdadero equilibrio en sus relaciones.

EVOLUCIÓN. La curiosidad divina te lleva a grandes experiencias de innovación y compañerismo. A la gente le resulta fascinante tu brillante enfoque de la creación artística utilizando cualquier medio. Tu belleza esencial trasciende todas las limitaciones de tamaño, edad, género y otras preocupaciones superficiales.

Maggie, con Quirón en Libra, creció en Argentina en la década de los cincuenta del siglo pasado, un período de revolución, inestabilidad financiera, censura, tortura y asesinato de quienes se oponían al régimen en el poder. Soportó un miedo constante y fue testigo de atentados y masacres. El trauma que experimentó la endureció; se centró en cultivar su belleza exterior y en ascender en la escala social. Llevaba una vida superficial y no profundizaba en los aspectos de sí misma que requerían ser sanados. Las cosas cambiaron cuando, siendo aún joven, dejó su país para estudiar mediación en Estados Unidos. Este curso la obligó a investigar su propio pasado con cierta rigurosidad y a realizar el trabajo de sanar sus traumas y así poder estar presente al cien por cien para los demás en sus conflictos.

Tras adquirir una extraordinaria capacidad como mediadora, optó por volver a Argentina y ejercer allí su profesión con el fin de ayudar a la recuperación de su país.

Quirón en Escorpio

Los traumas y las heridas son temas importantes en este emplazamiento, especialmente en torno a cuestiones de sexualidad y muerte. Una persona con Quirón en Escorpio puede encontrar su camino al sanar los abusos que ha sufrido; la alternativa es exponerse aún más a la oscuridad. Desarrollar la habilidad en esta ubicación significa utilizar la pasión y las profundidades emocionales de Escorpio para sanarse a uno mismo y ayudar a otros a sanar eficazmente el trauma.

PRIMITIVO. Sigues recreando las heridas del pasado, te machacas compulsivamente a ti mismo y a los demás. Tu inclinación por la maldad te domina. Tienes tendencias criminales y destructivas, pero eso no te impide culpar a otros de tus actos. Al mismo tiempo, no entiendes por qué la gente te da de lado.

ADAPTATIVO. Sabes convertir las emociones primitivas en oportunidades de aprendizaje. La gente acude a ti para enfrentarse valientemente a su noche oscura del alma. Te responsabilizas por completo del pasado y sabes cómo desbloquear patrones inconscientes en ti mismo y en los demás.

EVOLUTIVO. Has trascendido el miedo a morir; por eso vives una vida valiente y expresiva dedicada a transformar el dolor en despertar espiritual. Los demás encuentran en tu presencia su propia autenticidad resolutiva y brillan con las brasas de tu vivacidad.

Quirón en Sagitario

Con Quirón en Sagitario, la herida puede llegar de alguna manera a través de una llamada a la aventura o bien al sentirte atraído por un aprendizaje superior que luego resulta ser vacío o incluso falso. En este emplazamiento la curación consiste en avivar las llamas de la propia inclinación natural a la alegría y el optimismo, y en fomentar el autocuidado en torno al bienestar físico y mental y el estudio disciplinado. Este camino nos permite ser mejores a la hora de cuidar de los demás.

PRIMITIVO. Estás tan desilusionado por las falsas ideologías que no le encuentras sentido a la vida. Deprimido por lo que percibes como la monotonía y la crueldad interminable de la existencia, te cuesta reponerte de las continuas decepciones. Estás obsesionado con los programas de noticias que confirman tu peor temor: que los seres humanos están irremediablemente condenados al desastre.

ADAPTATIVO. Te esfuerzas por fijarte en el lado bueno de las cosas. Tu resiliencia emocional es fruto de un profundo conocimiento de las tradiciones de la sabiduría. Para los demás, estar cerca de tu alegría natural supone un alivio, un descanso del seductor ruido social de fondo de la ira, el miedo y la frustración.

EVOLUTIVO. Tu diligente estudio práctico de la relevancia y el impacto del optimismo te ha permitido sentir en tus propias carnes la experiencia de alterar tus vías neuronales para mejorarlas. Otros acuden a ti para aprender a reajustar sus mentes y pasar del estrés postraumático al crecimiento postraumático. Se te conoce a nivel internacional como un modelo de la sabiduría mente-cuerpo.

Quirón en Capricornio

El nativo de Quirón en Capricornio, que ha sido lastimado por las mismas estructuras en las que se sintió forzado a tratar de encajar, a las que intentó pertenecer y en las que procuró comportarse correctamente, puede expresarse de forma primitiva redoblando su apego a los jirones y fragmentos de los viejos sistemas de creencias y hábitos obsoletos. La expresión evolucionada de Quirón en Capricornio deja de lado el contenido de lo que lo ha perjudicado para centrarse en aplicar su prodigiosa disciplina y previsión a la construcción de nuevos sistemas que sirvan a todos.

PRIMITIVO. La cultura patriarcal fracasó a la hora de proporcionarte estabilidad y disciplina, y eso hace que te autosabotees continuamente. No logras entender por qué los demás se niegan a someterse a tu voluntad. La verdad es que les das lástima y, al mismo tiempo, temen tu ira despectiva.

ADAPTATIVO. Tu integridad es la base de todo lo que dices y haces. Has aprendido el uso correcto del poder y te sientes a gusto con enormes responsabilidades. Estás a favor de la curación de la masculinidad tóxica y, por lo tanto, mantienes una relación sana con la firmeza y los límites.

EVOLUTIVO. Se te conoce por tu gran capacidad y humildad. Muchos confían en ti para que los guíes claramente en el desarrollo de sus aptitudes. Irradias una confianza ganada a pulso y tratas los fracasos como pequeños baches en el camino del aprendizaje. La gente destaca tu serenidad y tu consciencia social.

Jimmy tiene a Quirón en Capricornio. Creció en una familia de inmigrantes muy pobre, tanto que muchas veces pasaron hambre. Aun así, sus padres lucharon para que saliera adelante y él hizo todo lo necesario para conseguir una educación. Las pruebas a las que se enfrentó lo llevaron en ocasiones a sabotearse a sí mismo: se acostumbró a que las cosas fuesen de una manera determinada y no podía aceptar que no fueran así, por lo que acabó teniendo problemas por desahogar su frustración de un modo inapropiado.

Perseveró, gracias al apoyo de su familia y de otras personas que conocían su corazón leal y firme y su voluntad y capacidad frente a enormes cantidades de responsabilidad. Terminó como ejecutivo en un importante banco internacional, donde pudo aprovechar al máximo sus habilidades bilingües y la experiencia adquirida en las adversidades.

Quirón en Acuario

Permitir que tus heridas te separen de los demás y te conduzcan a un estado de insensibilidad emocional o de alejamiento sería una expresión primitiva de este emplazamiento. Estar dispuesto a ser único en la propia herida, a aceptar todo tipo de heridas y a reconocer que la curación es un esfuerzo comunitario sería el camino para una expresión más evolucionada de Quirón en Acuario.

PRIMITIVO. Tu alejamiento de los demás crea una postura defensiva endurecida, una pose de superioridad como si no fueras del todo un ser humano. Te refugias en la idea de que nadie entiende a un genio único como tú. La frialdad y el egoísmo con los que enfocas las relaciones confirman tu peor temor: que siempre estarás emocionalmente aislado.

ADAPTATIVO. Eres el portavoz de los frikis y de los *geeks* porque sabes perfectamente lo que significa ser un incomprendido. Aceptas con orgullo tu rareza e inspiras a otros a ser menos inhibidos. Tu certeza de que todo el mundo encaja en algún sitio es una fuente de paz para tu gente.

EVOLUTIVO. Al aceptar la humanidad de todas las personas, fomentas una verdadera apertura en los demás. Ves más allá de las líneas de ideología e identidad para contemplar una comunidad completa y conectada. Tu trabajo en el desarrollo de la empatía social crea vías de entendimiento para todos.

Quirón en Piscis

Este emplazamiento puede suponer una dificultad a la hora de liberarse del pensamiento victimista o de afrontar las profundas aguas emocionales que fluyen de nuestras heridas y las rodean. Desarrollar una mayor habilidad aquí significa encontrar formas de llevar la compasión hacia el mundo: bañar a los demás en un cálido mar de cuidados, aceptar lo que hay y apoyar a otros para que hagan lo mismo, y ser el puerto seguro que necesitan para enfrentarse a los inevitables desafíos del mundo.

PRIMITIVO. Al sentirte maldecido de algún modo por los dioses, te consideras una víctima sin esperanza de las circunstancias. Los demás intentan rescatarte, y luego sienten tu ira cuando sus esfuerzos fracasan. Tu vida es una sucesión interminable de excusas y justificaciones por haber renunciado a la felicidad y a realizar tus sueños.

ADAPTATIVO. Das muestras de una gracia sobrenatural en todas las situaciones. Tu profunda comprensión de los misterios de la vida te permite ver más allá del sufrimiento del ego. Los demás acuden a ti para sentirse perdonados por su infelicidad arraigada y encontrar consuelo en tu generoso corazón.

EVOLUTIVO. Eres un *bodhisattva* de la compasión humana. Tu bondad es efusiva y tierna, y ofrece una gigantesca plataforma de apoyo para paliar el sufrimiento de los demás. Tienes una práctica espiritual devota que te permite navegar con gratitud por las olas de tristeza y alegría. Ves la vida como un aprendizaje interminable de la aceptación.

Prácticas para Quirón...

Sumérgete

Escribe sobre tus primeras experiencias de sentirte herido de la forma en que se relata en la descripción de Quirón; fíjate en los puntos clave de decisión sobre ti mismo o sobre los demás. Escribe cómo podrías mejorarlos en el presente para reflejar las mejores posibilidades de tu ubicación.

Relaciónate

Encuentra a alguien de tu vida que ahora mismo se sienta herido por algún tipo de flecha de veneno emocional. Dile que simplemente te gustaría escucharlo durante una hora y estar con él en su dolor, sin solventar nada.

Esto será un milagro.

Arriésgate

Escribe una canción o un poema sobre tu lucha con Quirón y cántalo o léelo al menos a una persona.

Reflexiona

Piensa en el momento en el que hayas experimentado la mayor curación en tu herida de Quirón. Escribe cinco componentes de esa curación. Recrea la situación lo mejor que puedas.

Preguntas para el círculo de conversación

Reúnete con una o más personas que hayan leído este capítulo. Escoged un tema de conversación que todos hayáis acordado (ver la nota de «Preguntas para el círculo de conversación» en el capítulo dos). Pedid a cada uno que responda, por turno, a las siguientes preguntas, de una en una. Aseguraos de que no haya conversaciones cruzadas ni secundarias; este es un momento para hablar sin distracciones ni interrupciones. Antes de empezar, estableced el acuerdo de mantener la confidencialidad de lo que se diga en el círculo, escuchar con atención, hablar con espontaneidad y tener en cuenta el tiempo, para que todos cuenten con la oportunidad de responder a cada pregunta.

1. Nombra un momento en el que hayas sentido lo peor de tu naturaleza herida.
2. Menciona un momento en el que hayas experimentado una profunda curación.
3. Habla de un momento en el que hayas ayudado a sanar a alguien. ¿Cómo lo hiciste?
4. ¿Qué es lo que más admiras en un sanador?
5. Nombra una ocasión en la que un sanador te haya hecho daño y explica por qué.
6. ¿Qué circunstancias hacen aflorar más tus capacidades de curación?
7. Dile a cada miembro del grupo alguna característica suya que te resulte terapéutica.

Los que hacen imposible la revolución pacífica
harán inevitable la revolución violenta.

JOHN F. KENNEDY

Al igual que el arte, las
revoluciones surgen cuando lo
que existe confluye con lo que
nunca ha existido.

GLORIA STEINEM

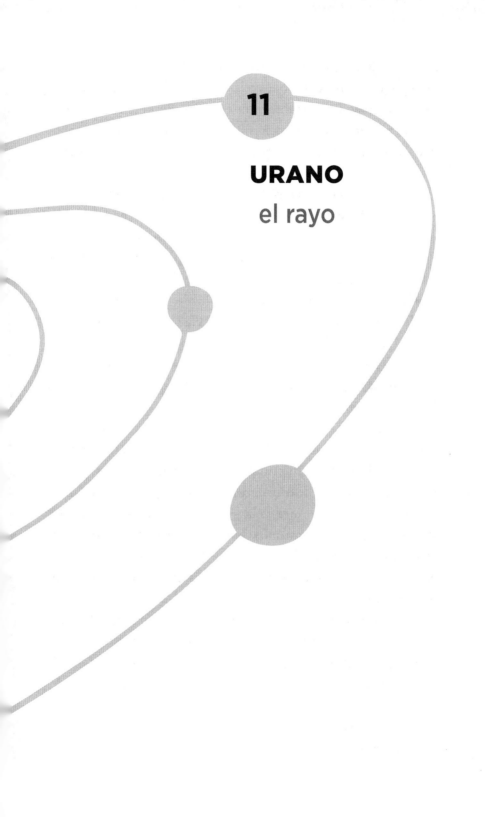

11

URANO

el rayo

Urano representa el arquetipo del cambio repentino, de las transformaciones relámpago, de los destellos de claridad y de los «momentos eureka». Representa el espíritu de la revolución, la reinvención y el trastocamiento de lo establecido, así como nuestra capacidad de innovación, cambio y libertad colectiva.

Con los planetas exteriores Urano, Neptuno y Plutón lo personal y lo transpersonal se fusionan. Dentro de una generación, los individuos nacidos en un determinado intervalo de años comparten la ubicación de cada uno de estos tres planetas. Todos los nacidos entre octubre de 1968 y septiembre de 1975, por ejemplo, comparten la ubicación de Urano en Libra; los nacidos entre junio de 1934 y mayo de 1942 comparten la ubicación de Urano en Tauro. De ello se desprende que en cada período de siete u ocho años, un grupo de individuos expresará las mismas tendencias revolucionarias, que reflejan la ubicación del signo de ese planeta durante esa época.

Este capítulo incluye los rangos de fechas correspondientes a la ubicación de Urano en cada signo. Cuando observes a Urano en tu propia carta astral y te plantees cómo puede expresarse de forma primitiva, adaptativa o evolutiva, reconoce que tus compañeros dentro de ese mismo rango tienen esta misma ubicación y es probable que expresen los mismos elementos que tú estás expresando o has expresado. Date cuenta de que los acontecimientos mundiales durante este mismo periodo de la historia también reflejarán esa ubicación de signo.

En lugar de describir cada ubicación en términos de cómo podrías expresarla individualmente, adoptaré una perspectiva más amplia que tenga en cuenta la naturaleza colectiva de la expresión de los planetas exteriores. En lugar de la descripción general de los rasgos individuales y de las aristas de crecimiento de cada ubicación, enumeraré algunos acontecimientos o tendencias mundiales de ese período.

Los nacidos mientras Urano se encuentra en los signos enumerados aquí expresarán a nivel individual los mismos potenciales y posibilidades descritos en sus secciones, al igual que todos los demás que hayan nacido durante ese mismo periodo de tiempo. A medida que la expresión de Urano de la comunidad avanza de lo primitivo a lo evolutivo, pasando por lo adaptativo, también pueden hacerlo las personas que lo reflejan en sus propias cartas astrales.

Si naciste en un año que figure al principio o al final de este intervalo de tiempo bajo un signo y tu carta astral te muestra en otro, es posible que hayas venido al mundo en los meses anteriores o posteriores a la llegada de Urano a ese signo o a su salida de él.

EL MITO DE URANO

Urano es un dios de la mitología griega, nacido del Caos primigenio, junto con las montañas y los océanos. La unión de Gea (la Tierra) y Urano produjo varias razas, entre ellas los Titanes y los Cíclopes. Urano detestaba la descendencia que habían creado, así que la escondió dentro de Gea. Un Titán llamado Kronos decidió ayudar a Gea a liberarlos castrando a Urano y arrojando sus genitales al océano. La sangre que brotó de esta herida cayó a la tierra y dio lugar a otras razas de criaturas, como las Furias y los Gigantes. Separados de su cuerpo, los genitales de Urano flotaron en el mar y produjeron una espuma blanca de la que surgió la diosa Afrodita.

EL RAYO

Urano alberga una energía no binaria y global de despertar social y cultural. Se asocia a los periodos de liberación y a los movimientos dramáticos, en los que un péndulo cultural o histórico cambia de rumbo y la población oprimida o marginada se levanta. La metáfora del rayo se ajusta a este arquetipo tanto en sentido positivo (el famoso «momento ajá») como negativo. Su parte evolucionada es la representada por el rayo de la intuición, el descubrimiento «¡eureka!»; su lado primitivo viene reflejado por la destrucción inmediata, la electrocución, que se produce cuando un rayo cae sobre una persona o una estructura.

URANO EN LOS SIGNOS

La ubicación del signo de Urano en tu carta astral da una idea de las formas en que surgen en ti, o es probable que te acontezcan, avances sorprendentes y revolucionarios y cambios intuitivos. Compartes estos rasgos con quienes nacieron en la misma época que tú. El «tú» primitivo, adaptativo y evolutivo que veremos a continuación refleja el «tú» individual *y* el colectivo de aquellos con los que compartes este posicionamiento; también refleja la época que has vivido.

Aun cuando bloqueas la expresión de Urano en tu vida, el universo sabe cómo llevar a cabo innovaciones uranianas: en lugar de crearlas tú, te suceden *a* ti.

Urano en Aries
1927-1934 Y 2010-2018

En Aries, Urano puede expresarse a través de luchas rebeldes y agresivas contra la situación establecida, o mediante un heroísmo desinteresado y una acción intrépida en nombre de los necesitados y del progreso social.

Entre 1927 y 1934, Wall Street se derrumbó de forma catastrófica y se produjo la Gran Depresión. En la Alemania de principios de los años treinta, Adolf Hitler y el Partido Nazi llegaron al poder. En 1927 se descubrió la penicilina y Charles Lindbergh realizó su histórico vuelo transatlántico.

En 2010, los mercados financieros volvieron a caer en picado en el contexto de la crisis financiera mundial que cobró fuerza a finales de la primera década del siglo xxi. La participación militar de Estados Unidos se intensificó en Oriente Medio y América Central, y personas y organizaciones como Edward Snowden y Wiki-Leaks, que denunciaban irregularidades, publicaron información clasificada y revelaron las estrategias de vigilancia global de la Agencia de Seguridad Nacional.

PRIMITIVO. Desatas la energía bélica para azuzar los sentimientos rebeldes y antisistema, lo que crea estragos a través de acciones impulsivas y egoístas. No te importa el coste en vidas humanas o sentimientos. Elevas a unos cuantos poderosos a expensas del resto.

ADAPTATIVO. Utilizas el valor y la convicción para avanzar hacia una sociedad que se ocupe de los menos privilegiados y de los más necesitados. Asumes la dura tarea de superar el interés propio en nombre de la comunidad en general.

EVOLUTIVO. Practicas el verdadero heroísmo sin ego, utilizando las fuerzas y los recursos para el progreso social ligado a la empatía y al bienestar de todas las criaturas y los seres humanos, así como de la propia Tierra.

Urano en Tauro
1934-1941 Y 2018-2025

Ciudadano Kane —considerada por muchos como la mejor película de la historia— se estrenó en 1941; su protagonista, que se propone hacer el bien y servir con los medios de que dispone, pero acaba persiguiendo despiadadamente el poder y la riqueza, es un ejemplo excelente del potencial y las trampas de Urano en Tauro. Durante ese tiempo, se estaba intensificando la Segunda Guerra Mundial, ya que Alemania y la Unión Soviética invadieron varios países en un intento de acaparamiento de recursos altamente destructivo y a gran escala.

En el momento de escribir esto, en 2019, el libre mercado neoliberal y materialista parece estar aproximándose a una situación de insostenibilidad. Estamos dispuestos a pasar, durante los años restantes de esta ubicación, a una versión más evolucionada de Urano en Tauro: una revolución verde en la que se haga realidad una mayor igualdad socioeconómica.

PRIMITIVO. Tiendes a un materialismo descontrolado y excéntrico, a un abuso del dinero y la tierra, ya que te sientes con derecho a crear un coto de riqueza superior. Permaneces distanciado y ajeno a las consecuencias del gasto imprudente y la falta de planificación.

ADAPTATIVO. Descubres formas inventivas y creativas de sanar el planeta. Tu sentido práctico y tu pensamiento innovador se combinan para aportar soluciones reales a problemas arraigados.

EVOLUTIVO. Desarrollas actitudes extraordinarias para equilibrar colectivamente la distribución desigual de los recursos y contemplas el materialismo como una herramienta para resolver los problemas de la pobreza mundial, el hambre y el cambio climático.

Urano en Géminis
1941-1948

Durante esta época, el mundo fue testigo del Proyecto Manhattan, del bombardeo de Hiroshima y Nagasaki y del desarrollo del radar, los aviones de reacción, la televisión comercial, los microondas, el velcro, el primer ordenador y la física cuántica. Este periodo supuso numerosos descubrimientos científicos importantes, conexiones e ideas que alteraron la humanidad para siempre.

En 1943 se publicó *El manantial*, la famosa novela de Ayn Rand, y en 1944 se estrenó la obra del dramaturgo francés Jean-Paul Sartre, *A puerta cerrada*. Estas obras reflejan las cualidades de

Géminis: la novela de Rand celebra el pensamiento individualista, centrado en sí mismo y abstracto, por encima de un enfoque en el bien de la colectividad, y la obra de teatro de Sartre sobre tres personas condenadas que han sido reunidas en una elegante sala y que se vuelven locas unas a otras con palabras, ideas y más palabras llega a su clímax con su frase más famosa: «El infierno son los demás».

PRIMITIVO. Atrapado en una energía dispersa y caótica, tus palabras huecas causan ansiedad y estragos. Hay tal falta de sustancia y carácter que las comunicaciones son peligrosas, a veces desastrosas.

ADAPTATIVO. Abundan las ideas eléctricas y brillantes; tu mente es una clara muestra de previsión y perspicacia. La gente se adhiere a tus métodos y políticas de vanguardia.

EVOLUTIVO. Las chispas de iluminación y esclarecimiento animan a las masas a ser más conscientes y atentas. Las comunicaciones viajan rápida y eficazmente, poniendo de relieve la verdadera naturaleza de las cosas y liberando al pueblo de las falsas narrativas del miedo.

Urano en Cáncer
1948-1955

Cuando Urano estuvo por última vez en el signo de Cáncer, entre 1948 y 1955, el mundo vivió conflictos y cambios sociales impulsados por la emocionalidad, por formas obsoletas de ver al otro y por ideales poco realistas sobre la seguridad. Aumentaron considerablemente las leyes del *apartheid* aprobadas en Sudáfrica para imponer la segregación racial y la discriminación. La guerra de Corea comenzó en 1950; finalmente, veintiún países pertenecientes a las Naciones Unidas participaron en el esfuerzo bélico contra las fuerzas norcoreanas, que contaban con el apoyo de China y la Unión Soviética.

Entre 1950 y 1955, Joseph McCarthy encabezó las famosas audiencias destinadas a descubrir a los comunistas que se «escondían» a plena vista en Estados Unidos. El término *macartismo* se sigue utilizando para describir la difamación pública de alguien con acusaciones descabelladas alimentadas por emociones poco acertadas o por temor a la seguridad de uno mismo o de su pueblo.

PRIMITIVO. Aferrarse a ideas viejas y anticuadas de patrones emocionales y roles sociales te infantiliza en lugar de llamarte a una mayor madurez. Las rabietas de una pequeña parte de la población hacen que todo el mundo se agite y se enganche a falsas nociones de seguridad.

ADAPTATIVO. Te liberas de las nociones restrictivas del género, así como de sus roles, y comienzas a crecer un mundo basado en la reciprocidad. Comprender que la empatía es el inicio del progreso social te ayuda a colaborar con el objetivo de crear hogares y familias saludables.

EVOLUTIVO. Combinas la gran sabiduría de la antigüedad con nuevas posibilidades y buscas un lenguaje universal común de sentimientos y conexión. Eres consciente de que cada persona desea encontrar su lugar en el mundo y te esfuerzas por crear un planeta que acoja a todos como seres queridos.

Sally, nacida durante un periodo de Urano en Cáncer, se educó en un hogar conservador del Medio Oeste. Su familia esperaba que se casara a una edad temprana y que dedicara su vida a ser una esposa y madre obediente.

Aunque cumplió al cien por cien sus expectativas desde los veintitantos años y durante la mayor parte de los treinta –se casó con el hombre adecuado y tuvo el prototipo de vida «satisfactoria» de esposa y madre–, la situación se alteró drásticamente cuando cumplió treinta y nueve años. Con un cambio fulminante e imprevisto, Sally se enamoró de una mujer y descubrió que su sueño era dedicarse a la escritura. A partir de entonces, sus ideas sobre el hogar, la familia y la carrera se redefinieron por completo. Sally pasó a vivir una vida vibrante en pareja y ahora es una escritora prolífica y muy respetada.

Urano en Leo
1955-1961

Cuando Urano estuvo por última vez en Leo, se inventó la moderna célula solar, sin duda una buena expresión de este soleado emplazamiento (Leo está regido por el Sol). Nació la música pop con el ascenso a la fama de Elvis Presley, Chuck Berry, los Platters, los Drifters y otros artistas que atraían con más fuerza al mercado adolescente. Además, se consideró la «edad de oro de la televisión». Sin embargo, cuando esta se convirtió en una parte importante de la vida moderna, también lo hizo la obsesión por las comparaciones y la mentalidad de «no ser menos que los vecinos» que la televisión ha seguido promoviendo y acentuando desde entonces.

Entre otras corrientes en el espíritu creativo, que también son expresiones evolucionadas de Urano en Leo, figuran la evolución del impresionismo abstracto (con la obra de pintores como Jackson Pollock y otros artistas visuales que se basaron en imágenes de la cultura pop para desarrollar su obra).

PRIMITIVO. Totalmente egocéntrico y sin otra motivación que el narcisismo, no puedes conseguir suficiente autoayuda para satisfacer tu necesidad. Los falsos gurús y los charlatanes del crecimiento personal aumentan el vacío de la gente al enseñarle a mirarse continuamente el ombligo.

ADAPTATIVO. Escuchar la verdadera historia de cada persona te permite colaborar en grandes ideas relacionadas con la creación de una comunidad mundial. El arte y el entretenimiento se dedican a fomentar las causas sociales y reunir a gente de todas las edades y grupos demográficos.

EVOLUTIVO. Tu creatividad es una fuente de energía original y liberadora, que sirve para liberar al colectivo de los antiguos corsés de la inhibición y la falta de aceptación de uno mismo.

Urano en Virgo

1961-1968

Cuando Urano estuvo por última vez en Virgo, gran parte del mundo occidental estaba inmerso en los «felices años sesenta», una época revolucionaria en cuanto a las costumbres sociales y la sexualidad. Las ideas sobre la educación también cambiaron mucho durante esa década y, en la mayoría de los países occidentales, la política giró drásticamente hacia la izquierda. El auge económico, la guerra de Vietnam, el servicio militar obligatorio (y el enorme aumento de la asistencia a la universidad que se produjo al mismo tiempo), la crisis de los misiles de Cuba, el asesinato de John F. Kennedy, el discurso de Martin Luther King Jr. «Tengo un sueño»: todas estas circunstancias reflejan la tensión entre la inevitabilidad uraniana de la revolución y la innovación y la energía estable, organizada, orientada al detalle y posiblemente temerosa u obstinada de Virgo.

PRIMITIVO. Nervioso, ansioso, te preocupas por cualquier situación adversa que pueda producirse, sin centrarte en lo que va bien y en las formas en que podrías fortalecer el control y la protección. La crítica y la pobreza de espíritu son las principales actitudes defensivas de este emplazamiento.

ADAPTATIVO. La integración de la mente, el cuerpo, los sentimientos y el espíritu se convierte en algo primordial, al igual que el reconocimiento del poder de los pensamientos en términos de creación de bienestar y salud mental. La precisión y la impecabilidad se elevan a una forma de arte superior; inspiras a los demás a esforzarse constantemente en mejorar sus actitudes y hábitos.

EVOLUTIVO. Aquí se destaca el gran dominio de la palabra y las acciones inteligentes. Una claridad similar a la del zen aflora en tu forma de comunicarte y de actuar, te centras más en los detalles al tiempo que aprecias el fluir general de la vida.

Urano en Libra
1968-1974

La liberación de la mujer, la tensión entre las fuerzas de los regímenes capitalista y comunista, y un aumento continuo de los valores socialmente progresistas fueron las características de 1968-1974, que es la última vez que Urano ocupó el signo de Libra. La humanidad comenzó a cuestionar e investigar en profundidad las estructuras sociales desiguales y a observar el patrón de los más poderosos que colonizan a los más débiles. El levantamiento de Stonewall —una serie de manifestaciones rebeldes de la comunidad LGBT contra las redadas policiales en Greenwich Village— tuvo lugar en 1969, una llamada de atención brutal y esencial que ahora se considera el verdadero comienzo de la lucha por los derechos LGBT en Estados Unidos.

En Libra, Urano nos recuerda que ninguno de nosotros será libre hasta que todos lo seamos.

Si eso no es lo suficientemente Libra para ti, ¡ten en cuenta también que los primeros estiramientos faciales se llevaron a cabo durante esta época!

PRIMITIVO. Para ti, las normas sociales definidas de belleza y relaciones se convierten en una pulsión fanática. Te ves obligado a alterar la armonía para provocar conmoción. Se reiteran constantemente los temas de la fealdad y el desamor.

ADAPTATIVO. Destacar los aspectos menos convencionales de la belleza y las relaciones proporciona un avance respecto a las normas de género opresivas. Los nuevos paradigmas de relación ofrecen un alivio de las normas insensibles y desiguales de todo tipo.

EVOLUTIVO. Se valoran los derechos civiles y se promueve la liberación de los sectores marginados. Se trabaja con todos los intereses especiales para encontrar un territorio común donde todo el mundo sea bienvenido y se respeten sus inquietudes particulares y compartidas.

Urano en Escorpio
1974-1981

En Escorpio, los elementos de sorpresa de Urano adquieren dimensiones potencialmente aterradoras y envuelven a la humanidad en las inquietudes más intensas en torno a la muerte, la transformación y la sexualidad. Entre 1974 y 1981, los Jemeres Rojos tomaron el poder en Camboya y torturaron y masacraron a dos millones de personas (en particular, a la población con estudios, aunque muchos otros también fueron objeto de ataques) en un intento obviamente erróneo de establecer una sociedad marxista utópica.

En 1978, el líder de la secta Jim Jones fue responsable de llevar al suicidio a novecientos dieciocho de sus seguidores en el complejo del Templo de los Pueblos en Guyana. Las autoridades estadounidenses estaban investigando a Jones por abusos de los derechos humanos contra sus seguidores; él decidió por todos ellos que en lugar de enfrentarse a las consecuencias de sus actos, su comunidad entera debía morir en señal de protesta. (Lo que mucha gente no sabe sobre Jim Jones es que realizó una gran labor humanitaria y luchó por la justicia racial y socioeconómica, lo que ilustra el alcance de la luz y la oscuridad de Urano en Escorpio).

En este periodo también se produjo la revolución iraní y la crisis de los rehenes en Irán; la descolonización de África, que provocó hambrunas y guerras civiles, y el derrocamiento del gobierno socialista de Chile, elegido democráticamente (un golpe que apoyó Estados Unidos, a pesar de la tortura generalizada y la ejecución de quienes se oponían o parecían contrarios a este cambio).

Mientras tanto, la primera película de porno duro de la historia, *Behind the Green Door*, se estrenó en los cines de Estados Unidos. La revolución sexual seguía floreciendo, y la homosexualidad era más aceptada en algunas partes del mundo. El *hard rock* y el *punk* se volvieron populares y empezó a surgir el *hip-hop*. La luz y la oscuridad, lo misterioso y lo terrorífico, lo transformador y lo atormentado, todo ello apareció a gran y pequeña escala durante este periodo de Urano en Escorpio.

PRIMITIVO. Este emplazamiento trae consigo una profundización en los lados oscuros y sombríos del sexo y el poder, donde se revelan los abusos y los daños. Puede ser una trampilla secreta de comportamientos destructivos y peligrosos, racionalizados por perspectivas amorales.

ADAPTATIVO. Las actitudes revolucionarias sacan el sexo y el poder de las sombras para tratarlos en un diálogo abierto y constructivo.

Quienes se han visto forzados a permanecer escondidos debido a prejuicios largamente arraigados pueden volver a salir a la luz y ser redimidos. Surge una nueva frontera de experimentación en torno a lo oculto y una imaginación más activa alrededor de los temas de la muerte y su proceso.

EVOLUTIVO. El poder compartido se hace más posible a medida que el reconocimiento de que todas las personas son dignas y valiosas impulse la ruptura con las antiguas ideologías. Se presta una atención primordial a las energías transformadoras de la verdadera intimidad y a las modalidades de curación basadas en el poder de las capacidades psíquicas y clarividentes.

Chad, nacido durante un periodo de Urano en Escorpio, creció en el seno de una familia de artistas bohemios, con unos padres que fomentaron sus talentos creativos.

Aunque se le inculcó una mentalidad positiva, alegre y abundante, Chad empezó a sentirse inexorablemente atraído por el lado oscuro de la creatividad. Le fascinaban las historias sobre crímenes y, a los veintiún años, decidió dedicarse a escribir novelas sobre este tema.

En su tiempo libre Chad suele ver el canal de televisión *Surgery Channel,** que satisface su intensa necesidad diaria de dramatismo transformador.

Urano en Sagitario
1981-1988

Después de los tiempos oscuros de Urano en Escorpio, el paso de Urano a Sagitario trajo consigo una energía ardiente, de progreso,

---

* N. del T.: Canal de Cirugía, en castellano, es una plataforma web especializada en videos de operaciones quirúrgicas.

de conexión, positiva y de conocimiento que era muy necesaria. En 1985, el mundo se unió en torno al concierto *Live Aid*, de dieciséis horas de duración, con miles de millones de espectadores que contribuyeron a recaudar casi dos millones de dólares para ayudar a paliar la hambruna en Etiopía. Se consiguieron millones de dólares más gracias a la venta del single, *Do They Know It's Christmas?*, grabado para el evento por un enorme grupo formado por los músicos más famosos de la época.

En esta época se reconoció por primera vez el impacto de la actividad humana en el cambio climático. Nacieron las primeras multinacionales. Surgió el Internet global y los países subdesarrollados tuvieron acceso a la televisión como el resto del mundo, dos cambios que comenzaron a vincular a la humanidad como nunca.

PRIMITIVO. Las creencias se venden como mercancía para resolver cualquier problema. Los encantadores de serpientes surgen por todas partes, engatusando a la gente para que intercambie su dignidad por la última idea de culto o moda. El discernimiento se pierde en favor de la fe ciega.

ADAPTATIVO. Las religiones y las prácticas de la sabiduría vuelven a aparecer porque la humanidad anhela rituales con significado. Se empieza a comprender que el conocimiento es, de verdad, poder, por lo que se prioriza la educación y el aprendizaje de otras culturas. La felicidad y la alegría vuelven a gozar de gran popularidad; los métodos para lograr estas cualidades cobran mayor importancia.

EVOLUTIVO. La inventiva y la exploración permiten a los habitantes de todo el planeta imaginar un mundo sin muros ni divisiones. Las viejas ideas de separación se desmoronan en favor de las nobles verdades de la interdependencia. La gente se reúne para celebrar fiestas, conciertos y otras celebraciones que los ayudan a recordar su colorida naturaleza tribal.

Urano en Capricornio
1904-1912 Y 1988-1995

La construcción del canal de Panamá y la publicación de la novela de Upton Sinclair *La jungla* –un libro que pretendía revelar las formas en que se explotaba a los inmigrantes y se los sometía a condiciones de trabajo extremadamente duras, así como mostrar la corrupción de las entidades poderosas que se beneficiaban con su sufrimiento– se produjeron en este primer lapso de tiempo. Rápidamente se afianzaron los sistemas que desprecian la humanidad de determinados sectores de la población en favor del enriquecimiento de unos cuantos individuos elegidos, demostrando cómo el pensamiento lúcido y la planificación característicos de la ubicación de este signo pueden utilizarse para fomentar tanto el bien como el mal a escala mundial.

Entre 1988 y 1995, el mundo fue testigo del continuo crecimiento de la economía neoliberal. Se aprobó el Tratado de Libre Comercio de América del Norte, que creó una zona de libre comercio para Canadá, México y Estados Unidos. Mientras el poder y la riqueza se dirigían y consolidaban en manos de unos pocos poderosos y el poder económico y político cambiaba y se solidificaba de diversas maneras que reforzaban este patrón, la atención del mundo se desviaba hacia una nueva herramienta brillante, hermosa y sorprendente llamada Internet.

PRIMITIVO. En todas partes aparece un comportamiento irresponsable con respecto a las finanzas y los recursos. La cultura del enriquecimiento rápido se impone a la del esfuerzo. Es habitual inflar las cifras y la reputación, y se ha vuelto aceptable estafar al trabajador común.

ADAPTATIVO. En marcha: la reforma de los sistemas corruptos. Cada vez se reconoce más la importancia de aprender a remontar las políticas fracasadas. Surgen nuevas posibilidades a medida que los líderes están más dispuestos a admitir sus errores. La sociedad quiere erradicar los bloques de decisiones elitistas y revitalizar la democracia.

EVOLUTIVO. Aquí puede producirse el cambio disciplinado. Es posible lograr una reevaluación reflexiva y deliberada de las jerarquías. Líderes atípicos y progresistas pueden subir al escenario y ofrecer métodos más inclusivos y comprometidos para llegar a los más desfavorecidos.

Urano en Acuario
1912-1919 Y 1995-2003

La rebeldía, tanto a nivel individual como a escala mundial, fue la protagonista en ambos periodos. La madre naturaleza intervino en ocasiones para recordar a la humanidad que debía ser humilde: en 1912, el Titanic, una de las creaciones humanas más célebres de principios del siglo XX, fue hundido por un iceberg, y en 1918, a causa de una gran pandemia de gripe fallecieron entre cincuenta y cien millones de personas.

En 1914, el asesinato del archiduque Francisco Fernando condujo al estallido de la Primera Guerra Mundial; la Revolución rusa disolvió el zarismo y llevó a la creación de la Unión Soviética: dos series de conflictos destinados a crear un nuevo y mejor orden mundial que tuvieron consecuencias enormemente desafortunadas para millones y millones de personas. En un sentido más positivo, la teoría general de la relatividad de Albert Einstein nació durante esta época de Urano en Acuario: ¿qué mejor ilustración podría haber de una pieza de conocimiento abstracto unificador del mundo?

En 1995 y 2003 se produjeron el atentado de Oklahoma City, la masacre de Ruby Ridge, los tiroteos de Columbine, los atentados terroristas del 11-S, los disturbios de Los Ángeles y el estallido de la burbuja de las *puntocom*. Nacieron las redes sociales. Los talibanes tomaron el control de Afganistán. Se creó el Tribunal Penal Internacional y el euro se convirtió en moneda común para la mayoría de los miembros de la Unión Europea. La globalización económica siguió acelerando su ritmo. Se completó el Proyecto Genoma Humano. En la tragedia y en la innovación, el mundo se unió cada vez más. El reino de las ideas y de la información nos acercó, incluso cuando fuimos sacudidos por los intentos de alterar nuestra manera de pensar y de vivir mediante ataques violentos.

PRIMITIVO. Aquí se produce un comportamiento rebelde y egoísta, con una sensación de invencibilidad. Las masas marginadas y desamparadas utilizan cualquier medio a su alcance para lograr sus objetivos. Los movimientos extremistas se apoderan de la corriente principal. Personas poco recomendables y no cualificadas acaparan los focos mediáticos.

ADAPTATIVO. Las políticas y las ideas sobre la igualdad arrasan en la mentalidad cultural. Se considera a las personas por encima de sus roles sociales y se las valora por sus contribuciones únicas y creativas. Nuevas invenciones entran rápidamente en la comunidad, invenciones que darán forma al panorama mundial en los años venideros.

EVOLUTIVO. El genio cobra vida. Nacen iniciativas globales con visión de futuro. Las posibilidades son ilimitadas; todo se puede elevar a un nivel superior de manifestación. Todas las creencias limitantes anteriores pueden ser actualizadas y mejoradas.

Urano en Piscis

Urano estuvo en Piscis durante la mayor parte de los locos años veinte. Era la Edad del *Jazz*. En Europa, fue una edad de oro económica, a pesar de que cobraron impulso los movimientos políticos radicales fascistas y comunistas. La industria cinematográfica experimentó su primer gran auge durante estos años. La gente se evadía en el cine, asistiendo a las películas en las salas recién construidas. Empezaron a surgir estrellas deportivas y cinematográficas famosas, y con ellas llegó toda la moderna obsesión por las celebridades. En las artes, esta época vio el nacimiento del surrealismo: artistas como Salvador Dalí, Antonin Artaud y Man Ray crearon obras de arte extravagantes y oníricas destinadas a expresar el inconsciente. El alcohol estuvo prohibido durante todo este periodo, y fieles al anhelo de Piscis de escapar de las restricciones de la dura realidad, enormes esfuerzos por parte del crimen organizado mantuvieron el flujo de licor.

Entre 2003 y 2010, nació Facebook. El primer iPhone salió a la venta en 2007. El uso de Internet de banda ancha se disparó. En una aterradora ilustración del poder del agua —Piscis es un signo acuático—, el tsunami del océano Índico golpeó gran parte del sudeste asiático, destruyendo todo a su paso y causando más de doscientas mil muertes. La humanidad buscó un escape a sus problemas a través de novelas de fantasía como la serie de Harry Potter, que tuvo un éxito fenomenal durante esta época.

Si alguna vez ha habido una ilustración adecuada de Urano en Piscis en forma de película, esta es *Avatar*, la película más taquillera de esa década y una de las fantasías visuales más brillantes y emocionalmente convincentes jamás creadas. Conlleva un profundo mensaje de Urano en Piscis: todos estamos conectados con todo; los que se niegan a reconocerlo pueden hacer mucho daño, pero nuestra unidad acabará prevaleciendo.

PRIMITIVO. Los memes emocionales simplistas se popularizan entre las masas. Las drogas farmacéuticas y recreativas son ampliamente aceptadas como una panacea. El aislamiento y el control se combinan con la ansiedad y la desconexión masivas como formas de afrontar el estrés.

ADAPTATIVO. Las nociones cuánticas radicales de conexión se convierten en realidades probadas. Nos damos cuenta de que soñamos la vida y empezamos a utilizar conscientemente nuestros poderes telepáticos y telegénicos para el bien. La gente se une en prácticas de *mindfulness* para conectar con la consciencia de la totalidad.

EVOLUTIVO. Ves a través del velo de la materia para descubrir las energías sagradas que hay detrás de todo. Los milagros se convierten en algo habitual y la transmutación de los materiales se normaliza. Los fenómenos psíquicos se encuentran al alcance de todos, lo que nos permite tener una conciencia instantánea de la naturaleza indivisible de los seres vivos, tanto humanos como no humanos.

Prácticas para Urano ....

Sumérgete

Haz un resumen de todos los cambios repentinos y alucinantes de tu vida, tanto buenos como malos. Luego, escribe tres lecciones vitales que hayas aprendido de cada uno de ellos.

Relaciónate

Ve a tomar un café o un té con un amigo. Cuéntale tus fantasías más descabelladas sobre los cambios que podrías hacer en tu vida.

Hablad abiertamente y sin inhibiciones sobre cómo sería vuestra vida si gozarais de una mayor libertad.

Contaos lo que más teméis y lo que más deseáis sobre el cambio. Comprometeos a hacer al menos un cambio y a apoyaros mutuamente para lograrlo, como compañeros a los que hay que rendir cuentas sobre vuestra liberación.

Arriésgate

Un día de esta semana, ponte algo completamente diferente de lo que vestirías normalmente; péinate también de otra manera. Observa cómo incluso un pequeño cambio te afecta a ti y a los que te rodean.

O:

Un día de este mes, escribe una carta de amor a un amigo. Trata de expresar las diversas formas curiosas y extrañas en las que lo quieres y siempre lo apreciarás.

Reflexiona

Observa los cambios más importantes de tu vida a nivel social. Fíjate en las causas que más te importan o las que más te impactan. Decide cuál es la que más te gustaría ver mejorar en tu vida; dona tiempo o dinero a esa causa.

Preguntas para el círculo de conversación

Reúnete con una o más personas que hayan leído este capítulo. Escoged un tema de conversación que todos hayáis acordado (ver la nota de «Preguntas para el círculo de conversación» en el capítulo dos). Pedid a cada uno que responda, por turno, a las siguientes preguntas, de una en una. Asegúrate de que no haya conversaciones cruzadas ni secundarias; este es un momento para hablar sin distracciones ni interrupciones. Antes de empezar, estableced el acuerdo de mantener la confidencialidad de lo que se diga en el círculo, escuchar con atención, hablar con espontaneidad y tener en cuenta el tiempo, para que todos tengan la oportunidad de responder a cada pregunta.

1. Menciona un momento en el que tu vida cambió repentinamente. ¿Qué sucedió y cómo te sentiste?
2. Nombra un momento en el que decidiste cambiar tu vida. ¿Qué fue lo que cambiaste? ¿Cómo te sentiste?
3. Nombra al amigo más singular que tengas. ¿Cómo añade esa persona valor a tu vida?
4. ¿Qué causa te preocupa más y por qué?
5. ¿Qué es lo mejor y lo más difícil para ti del cambio?
6. Dile a cada miembro del círculo una razón por la que querrías que formara parte de tu equipo si te dedicaras a proyectos sociales.

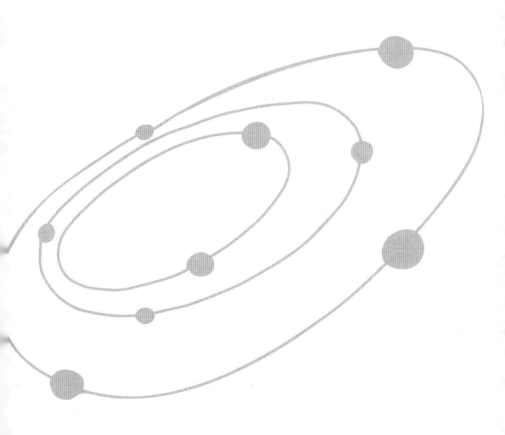

[Las aguas del mar] me
revolcarán
sobre las olas
y me empujarán al fondo.

Todo cae en
una lluvia tremenda,
disolviéndome.

VIRGINIA WOOLF

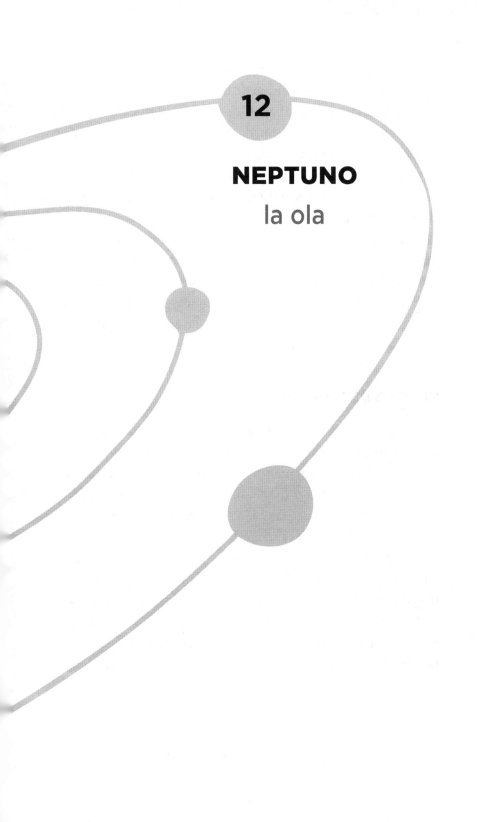

12

NEPTUNO
la ola

En la astrología psicológica, el arquetipo del planeta Neptuno representa la fusión de la intuición, los poderes psíquicos, la creatividad artística y la conexión emocional profunda. Neptuno es sutil, refinado, fantástico, encantador, onírico; simboliza la trascendencia, el mundo de los sueños y el impulso de entregarse al colectivo oceánico, del que todo forma parte, o bien de huir a los reinos de la ilusión y el engaño, la fantasía, la proyección o el victimismo.

Al igual que ocurre con Urano, la ubicación de Neptuno en la carta astral ofrece una visión tanto individual como global. En este capítulo, nos centramos de nuevo en el nivel de expresión individual a medida que avanzamos por los signos; no obstante, considera cómo se refleja tu ubicación de Neptuno en tus contemporáneos y en el mundo que habéis creado juntos.

EL MITO DE NEPTUNO

Neptuno, el equivalente romano del dios griego Poseidón, gobernaba tanto el mar como el agua dulce. En las obras de arte, se lo representa como una figura alta con barba blanca que porta un tridente; tiene un carácter fuerte, un tanto destructivo, al igual que los océanos que domina. También se lo consideraba el dios que gobernaba los caballos y las carreras de caballos.

Como hijo de Saturno y Ops (la madre Tierra), se lo describe en algunas versiones de su historia como uno de los hermanos tragados por Saturno y regurgitados; según otras, Saturno arrojó a Neptuno al mar justo después de su nacimiento. Una vez que él y sus hermanos, Júpiter y Plutón, derrotaron a Saturno, se repartieron el mundo: Júpiter gobernó el cielo, Plutón el inframundo y Neptuno el mar.

LA OLA

Todos navegamos en una ola infinita de consciencia. Nadie sobrevive a la muerte de la materia y al retorno a la gran unidad. A medida que maduramos y envejecemos, nos vamos disolviendo, poco a poco. A través de la gracia divina y el enfoque espiritual fluimos con este movimiento, en lugar de permanecer atrapados en un ego rígido e inflexible, un caparazón que creemos que nos protegerá cuando nos estrellemos contra las rocas de la eternidad, pero que en realidad nos hace más frágiles y quebradizos.

Cuando nos fundimos con una aceptación radiante y danzamos con alegría durante el espectacular sueño de la existencia, nos adentramos sin esfuerzo en la gran ola de Neptuno. Ser conscientes de nuestra irrelevancia en el vasto océano del tiempo nos libera y nos permite contemplar el misterio y navegar dichosos, sabiendo lo afortunados que somos por el simple hecho de estar aquí y ahora.

NEPTUNO EN LOS SIGNOS

Observar la ubicación de Neptuno en los signos de nuestra carta astral nos ayuda a entender cómo nosotros y los demás nacidos alrededor de nuestro año de nacimiento podemos soñar, imaginar, fusionarnos y escapar; cómo (cuando sea factible) se pueden manifestar nuestros poderes psíquicos; en qué aspectos y cómo es más probable que nos consideremos víctimas, y cuál es la mejor manera de fusionarnos con lo que es intemporal y eterno.

Neptuno en Aries

1862-1875

A través de la mirada de Aries, el mundo de la imaginación y los sueños adquiere poder, franqueza y vigor. En el contexto histórico, el último viaje de Neptuno a través de Aries supuso la finalización de la guerra civil estadounidense, la erradicación de la esclavitud en Estados Unidos y la fundación de la fe Baha'i, una comunidad espiritual que celebra el valor y la igualdad de todas las tradiciones religiosas y de todas las personas. *Los miserables*, de Víctor Hugo; *Veinte mil leguas de viaje submarino*, de Julio Verne, y *Las aventuras de Alicia en el país de las maravillas*, de Lewis Carroll, se publicaron durante este periodo.

PRIMITIVO. Perdido en tu ensimismamiento, te olvidas de que estar cerca de los demás es un refugio. Aquí pueden supurar todo tipo de adicciones, ya que el cuerpo se utiliza como receptor de estados alterados en lugar de como templo de realización.

ADAPTATIVO. Tus aptitudes marciales encuentran su utilidad en el trabajo desinteresado en favor de los necesitados. Utilizas las prácticas energéticas para hacer uso de la luz divina con el fin de ayudar a la comunidad. Numerosos dones relacionados con el movimiento y el atletismo pueden cultivarse en gran medida.

EVOLUTIVO. La maestría con la acción correcta —un don que une todos los ámbitos del ser— caracteriza esta expresión evolucionada de Neptuno en Aries. Brinda la capacidad de transformar la materia con la mente: un fuego divino de rápida iluminación que trasciende las limitaciones físicas.

Neptuno en Tauro
1875-1888

En su expresión menos evolucionada, Neptuno en Tauro representa una codicia obstinada y un consumo desmedido. Por ejemplo, en 1884-1885, en la Conferencia de Berlín, varias naciones europeas dividieron el continente africano en regiones que se proponían colonizar. Durante las siguientes décadas, estas partes de África fueron conquistadas, y sus recursos y su población se utilizaron en beneficio de sus colonizadores. En su expresión más evolucionada, esta ubicación aporta un instinto sublime en torno a la creación de belleza de todo tipo, tanto externa (objetos, piezas de arte, arquitectura) como interna (el alma, el corazón, la expresión del amor en todas sus formas).

Neptuno, el dios del mar, envió mucha agua sobre la tierra (Tauro es un signo de tierra) entre 1875 y 1888. En 1883, el volcán indonesio Krakatoa entró en erupción y el tsunami resultante provocó la muerte de treinta y seis mil personas; en 1887, el río Amarillo, en China, se desbordó y causó casi un millón de víctimas mortales.

PRIMITIVO. Excitado por la fiebre del oro, eres incapaz de escapar del trance de la codicia. Te aferras con tanta fuerza que te sangran los nudillos. Al final, echas a perder las relaciones por tu obstinada necesidad de acaparar sentimientos y cosas. Tu cuerpo se vuelve un recipiente para el consumo.

ADAPTATIVO. Deslumbras a los demás con tu generosa entrega y tu acogedora presencia. Estás rodeado de belleza sensual, emanas una vibración regia. Tus habilidades sociales se basan en una apreciación persistente y sutil del *feng shui* de los entornos y las relaciones.

EVOLUTIVO. Mediante la más alta expresión de las artes y una gran nobleza en los modales, inspiras a otros a prestar más atención a la calidad de su vida cotidiana. No escatimas esfuerzos para que cada experiencia sea hermosa y destacas por tu espíritu genuinamente romántico. Eres el árbitro de la belleza auténtica; iluminas todas las virtudes de las cicatrices de la vida y su gloria. Tu alma es lúcida, tersa, apacible y elegante. Contemplas la vida con una perspectiva filantrópica y ves que lo mejor que uno puede tener es lo que regala.

Neptuno en Géminis

1988-2002

Géminis es abstracto, verbal, rico en ideas, mercurial y comunicativo. Cuando su energía se combina con la absoluta ausencia de límites de Neptuno, proporciona una expresión artística expansiva, conmovedora y poética, o bien dificultades para organizarse lo suficientemente en medio del caos para hablar con claridad.

Algunos acontecimientos neptunianos que reflejan a Géminis: en 1988 empezó a causar estragos el primer «gusano» informático,[*] Internet se hizo público en 1991 y el comercio electrónico comenzó en serio en 1994. Google se fundó en 1996.

PRIMITIVO. Ahogado en la retórica y en las medias verdades incoherentes, tratas de convencerte a ti mismo y a los demás de la validez de ideas con poca sustancia. Para ti, quienes no encajan en tu visión más ambiciosa son prescindibles. Vives en una fantasía de eslóganes y tópicos sin ninguna objetividad mental.

ADAPTATIVO. Ágil y fácil con las nuevas ideas, creas relatos motivadores de coraje y honestidad. Tu ingenio y tus palabras son muy apreciados. Los demás se quedan prendados de tu discurso y crecen gracias a su influencia.

EVOLUTIVO. Puedes iluminar a la gente simplemente con el tono y el giro del lenguaje adecuados. Tu sensibilidad poética impregna todo lo que haces y eres famoso por tu erudición. Muchos aspiran a estudiar contigo, pues te reconocen como una llama fugaz, y al mismo tiempo eterna, de sabiduría.

---

[*] N. del T.: Es un tipo de programa de *software* malicioso (*malware*) cuya función principal es infectar otros ordenadores mientras permanece activo en los sistemas afectados.

Neptuno en Cáncer

1902-1915

Neptuno se encuentra como en casa en Cáncer, ya que ambos se caracterizan por la empatía, la conexión emocional y la capacidad de sentir profundamente. Sin embargo, la energía de Cáncer puede desviarse de su objetivo: puede volverse un poco infantil, dependiente y egoísta, más centrada en que se la mime en todo lo que desee y se le siga la corriente en sus cambios de humor y sus opiniones emocionales que en preocuparse por intereses externos. Con la inmensidad de Neptuno, estas necesidades y enfoques pueden desbordarse.

El sufragio femenino surgió en Gran Bretaña en 1906. En 1909 se creó la Unión Sudafricana y, en 1919, Pablo Picasso y Georges Braque desarrollaron el cubismo, una acertada representación de este emplazamiento. En 1914, estalló la Primera Guerra Mundial, que enfrentó a Alemania y Austria con Gran Bretaña, Francia y Rusia (y más tarde con Estados Unidos).

PRIMITIVO. Tu consciencia y tus acciones están dominadas por preocupaciones nacionalistas y miopes. Eres incapaz de entender que los demás tienen derecho a vivir a su manera, si esta difiere de la tuya en lo más mínimo. Estás completamente abrumado por los sentimientos de necesidad y de apego y por las conductas que provocan. Nadie puede interferir en tus estados de ánimo; nadie puede influir en las desbocadas marejadas de tus opiniones extremas.

ADAPTATIVO. Eres una reserva de cariño para los necesitados. Nunca te olvidas de las dificultades por las que atraviesa la gente para encontrar su sitio en el mundo. Has llegado a la conclusión de que toda enfermedad es añoranza de un hogar; lo único que queremos todos es un lugar seguro en el que refugiarnos.

EVOLUTIVO. Eres un ejemplo de bondad. Tu capacidad de apoyar a otros es infinita, por eso se relajan totalmente en tu presencia. Has trascendido las necesidades personales con el fin de crear un verdadero santuario emocional para los demás.

Neptuno en Leo

1915-1928

Las personas con Neptuno en Leo poseen un talento natural para las actividades creativas, como el teatro y el diseño de moda. Tienen un enorme potencial para realizar grandes visiones creativas y hacer que todos los que las rodean se sientan queridos. La capacidad de expresión requiere encontrar el punto óptimo entre el cultivo de los propios dones generativos y la preocupación por la alegría y el poder expresivo de la comunidad. El 7 de mayo de 1915, el buque de vapor británico Lusitania fue hundido sin previo aviso por un submarino alemán, y más de mil personas se ahogaron, entre ellas ciento catorce estadounidenses. Este acto llevó a Estados Unidos a entrar oficialmente en la Primera Guerra Mundial en 1917.

Mientras tanto, la creatividad floreció. En 1921, Charles Francis Jenkins fundó los Laboratorios Jenkins para iniciar el proceso de desarrollo de lo que sería la televisión. El primer conjunto de fotografías estáticas se envió desde los Laboratorios Jenkins a una estación naval en Washington D. C. a través de un cable telefónico; luego se envió de vuelta de forma inalámbrica a la fuente inicial. Poco después, se transmitieron imágenes en movimiento. Durante este periodo se desarrollaron los movimientos de arte visual moderno del dadaísmo, el surrealismo y el expresionismo.

PRIMITIVO. Los delirios de grandeza te absorben; las fantasías de un romance ideal se imponen a las expectativas realistas. Antes de tomar cualquier decisión, necesitas saber qué puedes ganar *tú* con ello. Llegas a extremos imprudentes con la diversión. Tu atención a la autorrealización eclipsa drásticamente tu preocupación por el bienestar de los demás.

ADAPTATIVO. La plena expresión personal encuentra aquí su hogar, y la creatividad y la contribución son los complementos perfectos. Los demás encuentran en ti una alegría y un regocijo que les hace recobrar su vitalidad y su sentido de la conexión y los potencia. Vas por el mundo con el corazón abierto.

EVOLUTIVO. Eres un rayo de amor eterno que otros pueden emular. Tu naturaleza, desenfrenadamente libre y afectuosa, da a los demás permiso para ser libres. Allá a donde vas, te haces amigo de todos y muestras un altruismo palpable.

Neptuno en Virgo
1928-1942

Virgo está asociado con el servicio, la capacidad y la receptividad. La ubicación de Neptuno aquí proporciona el potencial para catalizar el bienestar mente-cuerpo-espíritu para toda la creación. Durante este periodo, la ciencia desarrolló vacunas para algunas de las enfermedades más temibles y mortales, como la poliomielitis; además, se mejoraron los medicamentos para tratar infecciones y para la anestesia. No obstante, al mismo tiempo, la Gran Depresión causó estragos en la salud, con más muertes por cáncer, ataques cardíacos y enfermedades respiratorias, así como un aumento de la sífilis. También se crearon los seguros médicos individuales y la fundación March of Dimes.[*]

---

[*] N. del T.: Organización sin ánimo de lucro de Estados Unidos que trabaja para mejorar la salud de las madres y los bebés.

PRIMITIVO. Dominado por la mentalidad de escasez, llevas una vida apurada y sin perspectivas. Te preocupas demasiado por las críticas y te dejas llevar por nociones irrealizables de perfeccionismo. La gente te considera tacaño y triste.

ADAPTATIVO. Impulsado por la necesidad de servir, entregas dichosamente tus cargas a un poder superior. Eres un ejemplo de radiante sumisión a la naturaleza divina. Quienes están contigo logran dejar a un lado su mezquindad.

EVOLUTIVO. Como un ruiseñor, cantas alabanzas a todas las facetas de la creación. Cada fibra de tu ser bulle de gratitud mientras te entregas con fe y humildad. En tu presencia, los demás se sienten imbuidos de una renovada sensación de unidad.

Neptuno en Libra
1942-1956

El sueño, hecho realidad, de ser la pareja perfecta, la capacidad de crear obras artísticas caracterizadas por la armonía estética y la belleza clásica, y la capacidad de construir relaciones ideales de todo tipo que superan cualquier expectativa: todos son potenciales de Neptuno en Libra.

En 1945, Estados Unidos contribuye a la creación de las Naciones Unidas. La Carta de la ONU se firma en San Francisco, con Estados Unidos como miembro fundador junto a Francia, Gran Bretaña, China y la Unión Soviética, con poder de veto en el Consejo de Seguridad. Los estiramientos faciales, recién inventados, tienen su propia organización: la Fundación de Cirugía Plástica. Los gustos musicales se orientan hacia las grandes bandas y el *jazz*: artistas como Benny Goodman, Artie Shaw, Count Basie, Cab Calloway y Bing Crosby son los más populares.

PRIMITIVO. Vives engañado por el espejismo de que la belleza te traerá la salvación, te esclavizan las comodidades materiales. La publicidad te seduce e hipnotiza; te ha hecho creer que el mejor indicador de valor son las apariencias.

ADAPTATIVO. Tu principal cualidad consiste en ser capaz de ver la belleza que hay detrás de todas las experiencias, ya sean desagradables, dolorosas o extáticas. Tu mirada atraviesa el velo de la superficie para llegar al fondo de la cuestión. Tus mejores artes son la negociación y la diplomacia.

EVOLUTIVO. No das nada por sentado y lo ves todo como digno. La oscuridad y la luz se te presentan como un todo perfecto. Llevas a los demás a abrazar la totalidad y adoras cada momento como si fuera el regalo ideal.

Desde muy joven, Marcy, con Neptuno en Libra, leía todas las revistas de belleza que caían en sus manos. Siempre soñó con ser maquilladora en un plató de cine. Y aunque no llegó a hacer realidad su sueño, Marcy lleva una vida próspera y gratificante como esteticista. Todos los rincones de su establecimiento están llenos de revistas de belleza.

Neptuno en Escorpio
1956-1970

Las personas con Neptuno en Escorpio tienen el potencial de ser intrépidos exploradores de los aspectos más oscuros de la vida: la sexualidad, lo oculto y lo místico. Las incursiones en el mundo de los sueños resultan más intrigantes que aterradoras, incluso cuando los sueños se convierten en pesadillas. Las exploraciones de la pérdida y la ruptura de relaciones invitan al despertar y a la transformación, tanto a nivel personal como transpersonal.

Este período de la historia fue todo sexo, drogas y *rock and roll*: el verano del amor, Woodstock y la revolución sexual, incluidas las relaciones sexuales fuera del matrimonio y muchas otras formas alternativas de sexualidad. Las fuerzas oscuras pasaron a primer plano con los asesinatos de John F. Kennedy, Robert F. Kennedy y Martin Luther King Jr. En este periodo, Alfred Hitchcock estrenó *Vértigo*, *Con la muerte en los talones*, *Psicosis* y *Los pájaros*.

PRIMITIVO. Vives sumergido en una maraña de sentimientos negativos y el remolino te arrastra como al lodo al fondo de un lago. Sueles perderte en la búsqueda de placeres sensoriales. Tu incapacidad de pensar con claridad te impide ver que el mundo conocido al que te aferras se está desvaneciendo. Intentas escapar en todos los botes salvavidas equivocados.

ADAPTATIVO. Tu don: transformar el sufrimiento en apreciación espiritual. Sabes que todo es pasajero y apenas te apegas a las cosas, sino que mantienes en todo momento los brazos abiertos y reservas tu verdadero abrazo para la vulnerabilidad total. Consciente de que cualquier cueva oscura y húmeda puede iluminarse con una luz brillante de compasión, enseñas a los demás a convertir la vergüenza en una búsqueda del amor propio.

EVOLUTIVO. Puedes soportar la intensidad de la vida y la muerte en un estado de paz absoluta. Has comprendido que la circunstancia temporal de estar en un cuerpo tiene el sencillo propósito de la iluminación. Tu talento más desarrollado es bucear bajo los sentimientos en un mar de tranquilidad.

Neptuno en Sagitario

1970-1984

Sagitario representa la búsqueda del conocimiento mediante la educación superior, la filosofía, los viajes de larga distancia, la espiritualidad y la exploración. A través de su mirada, la inmensidad oceánica de Neptuno puede dirigirse hacia una búsqueda refinada, elegante y gozosa de la verdad.

Las políticas financieras de los años setenta condujeron a una inflación masiva. La arrogancia de Richard Nixon provocó el escándalo Watergate. En 1977, Jimmy Carter creó el Departamento de Energía con la intención de elaborar y aplicar una estrategia energética a largo plazo para Estados Unidos. El GPS (Sistema de Posicionamiento Global) se puso a disposición de la población civil fuera del ámbito militar. En la moda, vuelven a aparecer los estilos «dandis» del siglo XIX. Entre las canciones más populares de la época se encuentra *Instant Karma (We All Shine On)*, de John Lennon; *One Way or Another*, de Blondie; *Lola*, de The Kinks; *Heart of Gold*, de Neil Young y *Who Are You*, de The Who. En esta época surgieron las «fábricas de diplomas», es decir, las falsas universidades que cobran tarifas exorbitantes para otorgar títulos sin valor.

PRIMITIVO. Fascinado por tu propio sistema de creencias altamente subjetivo, prefieres enfrentarte a quien sea antes que admitir tus defectos. Estás obsesionado con la búsqueda de la verdad más pura y absoluta, y tu complejo de superioridad moral elimina toda posibilidad de disensión.

ADAPTATIVO. De mente abierta y que busca comprender todas las perspectivas, fomentas el entendimiento entre las ideologías en conflicto. Tu comprensión de la sabiduría superior te permite extraer los mejores mensajes de cada punto de vista. Sabes potenciar los aspectos positivos de cualquier conjunto de conocimientos.

EVOLUTIVO. Eres un cauce para el arrebato espiritual. Conectas a las personas con el significado más profundo de cada momento y les ofreces una forma de ver la vida que irradia una energía amorosa envolvente. Para otros, tu risa es una canción de alegría contagiosa que los llama a bailar junto a ti desenfadadamente la danza de la vida.

Jeannine, con Neptuno en Sagitario, creció en una secta religiosa. Fue completamente adoctrinada en la creencia de que el camino en el que había nacido era el único que conducía a la salvación. Cuando tenía dieciocho años, conoció a un ateo llamado Noah. Empezaron a tener conversaciones profundas sobre la naturaleza de las creencias; a través de estas conversaciones, Jeannine comenzó a cuestionarse el fundamentalismo de su educación. Finalmente, se marchó a la ciudad de Nueva York y comenzó a asistir a clases de estudios religiosos. Ahora está terminando un programa de posgrado que la preparará para trabajar como profesora de religiones de todo el mundo.

Neptuno en Capricornio
1984-1998

Los atributos de Capricornio, más reservados, responsables, conservadores y respetuosos con las normas, aportan un potencial para construir estructuras que nos ayuden a orientarnos en la inmensidad de Neptuno. En esta época de la historia, cayeron muros y se unió lo que antes estaba separado: se formó el Tratado de Libre Comercio de América del Norte, se derrumbó el Muro de Berlín y un nuevo género televisivo, el *reality show*, convirtió a personas normales en celebridades instantáneas.

PRIMITIVO. Lo que más te impresiona es el tamaño y los números. Comparas las estadísticas de los demás con las tuyas. Tu preocupación por el éxito te mantiene cohibido y eres capaz de utilizar cualquier medio para conseguir tus propios fines. No aprendes del fracaso, sino que aspiras a ser perfecto.

ADAPTATIVO. Eres un administrador responsable de los recursos, que trabaja constantemente para mejorar la ecología de toda clase de sistemas. Humilde en cuanto a tus logros y práctico a la hora de hacer realidad tus sueños y los de los demás.

EVOLUTIVO. Has perfeccionado tu capacidad para materializar los deseos más profundos de otros sin necesidad de reconocimiento personal. Los demás sienten armonía al estar en tu presencia y te consideran un planificador ético y sabio.

Neptuno en Acuario

1998-2012

El celo visionario, la libertad y el pensamiento independiente son valores fundamentales de Acuario. Este emplazamiento invita a los impulsos humanitarios y a un sincero deseo de unir a todo tipo de personas para llevar a cabo un cambio positivo en beneficio de la humanidad. La pérdida de la presidencia de Al Gore lo llevó a ganar el Premio Nobel por su documental sobre el cambio climático. Barack Obama fue elegido en 2008 y extendió la cobertura sanitaria a toda la población. El lado oscuro de esta ubicación se reveló con los ataques terroristas del 11-S, la invasión de Irak y el colapso de la economía.

PRIMITIVO. Bohemio, decadente y despilfarrador, arrastrado por una marea de juergas en grupo sin sentido, te pasas el día saltándote los límites de forma enfermiza. Eres el último en darte cuenta de que las utopías son fantasías infantiles, y les pides a los demás que carguen con tu pesada sombra psicológica.

ADAPTATIVO. Eres un metafísico muy perspicaz, con una práctica espiritual rigurosa. Te riges por principios de miras elevadas y muestras a los demás cómo vivir en la diversidad y celebrar las diferencias de forma realista.

EVOLUTIVO. Irradias una frecuencia tan extraordinaria de amor incondicional que la gente disfruta de tu presencia resplandeciente. Canalizas una compasión ferviente que atraviesa los corazones más duros y abre a la comunidad para abrazar la posibilidad de que nos enamoremos los unos de los otros.

Neptuno en Piscis
2012-2026

Piscis es el signo natal de Neptuno, y este es el tránsito en el que nos encontramos en el momento de escribir este libro. Se trata de un tránsito que invita al surgimiento de una espiritualidad profunda como forma de vida, al levantamiento del velo que cubre nuestras ilusiones y a la liberación de las preocupaciones del ego en favor de un sentido de la unidad y de la comprensión de que no somos tan diferentes ni estamos tan separados unos de otros como podría parecer.

En esta época, la espiritualidad y la astrología han irrumpido en la corriente principal; sin embargo, el uso de las drogas como vía de escape (especialmente la marihuana y los opioides bajo receta) se vuelve cada vez más problemático. Ha habido un gran auge de los movimientos de unidad, de los movimientos centrados en los derechos de las poblaciones oprimidas y de otras causas que afectan al bienestar de muchas personas (#MeToo, Black Lives Matter, Never Again). El cambio climático se ha convertido en un problema indiscutiblemente grave, con grandes fenómenos meteorológicos que provocan inundaciones en todo el mundo.

Al desprendernos de las creencias egoístas sobre quiénes somos y por qué importamos, muchos nos sentimos débiles, víctimas y descontentos. Las escapadas de todo tipo tienen un enorme atractivo. Si logramos mantener el compromiso con los demás o volver a comprometernos a pesar de la intensidad de todo lo que está ocurriendo, encontraremos mucha más fuerza y felicidad de lo que jamás conseguiríamos con nuestras obsesiones egoístas. Podemos empezar a celebrar lo que nos queda: nuestras almas y nuestras conexiones con los demás y con toda la creación.

PRIMITIVO. Te limitas a ver la vida pasar. La mayoría de los días la opción más atractiva para ti es el aturdimiento. La sobrecarga sensorial reduce al mínimo tu capacidad de atención. Habitualmente te sientes apático y entumecido por el ocio pasivo. Vives sumergido en una confusión nebulosa, por lo que rara vez encuentras la energía necesaria para seguir adelante.

Prefieres evadirte con tus dispositivos digitales a hacer cualquier otra cosa que puedas imaginar. De hecho, da la impresión de que esos aparatos han sustituido a tu imaginación, y, para ser sinceros, ni siquiera estás seguro de que te importe. ¿Para qué ibas a querer tu propia imaginación teniendo todo un mundo cargado de emociones a un clic de distancia? Además, con esa pequeña pantalla no tienes que sentir, ni de lejos, tantos sentimientos como los que sentirías en la vida real si alzaras la vista del móvil lo suficiente para verlo.

ADAPTATIVO. Desempeñas maravillosamente la función de conservador del misticismo y la expresión artística, y asombras a los demás con tus mágicas habilidades para cambiar de forma. Te atraen las sensaciones exquisitas y te dejas llevar por las musas en todas las formas de arte. Rezumas empatía y creas un remanso de calma y tranquilidad en el que otros pueden ver reflejada su propia belleza.

EVOLUTIVO. Transciendes el continuo espacio-tiempo y eres capaz de comunicarte con los espíritus y los ángeles. Eres un médium y ayudas a entregar a los demás mensajes poderosos de otras dimensiones. Has llegado a comprender plenamente las leyes del karma y practicas la benevolencia a cada momento.

Prácticas para Neptuno ....

Sumérgete

Métete en el agua: una piscina, un lago, un baño, o una ducha si es lo único que tienes a mano. Siéntete como un ser fluido y poroso. ¿En qué cualidades de fe y altruismo te gustaría sumergirte? Invócalas.

Relaciónate

Encuentra a alguien de tu localidad que pueda necesitar tu humilde ayuda. Entrégate a esa persona sin necesidad de que te lo reconozca. Siéntela como una parte de ti. Alégrate de tenderle la mano.

Arriésgate

Sal de tu zona de comodidad identitaria y visita a un grupo de personas del que no te sientas en absoluto parte. Sé consciente de tus muros de separación; luego, deshazte de ellos. Imagina que no eres un extraño para esta gente; siente cómo podéis conectar.

Reflexiona

¿Qué creencias espirituales o religiosas actuales te guían en mayor medida? Haz una lista de las tres cosas más importantes que consideras ciertas dentro de esos sistemas de creencias.

Ahora, añade una creencia más que te permita vivir una vida más relajada y libre.

Preguntas para el círculo de conversación

Reúnete con una o más personas que hayan leído este capítulo. Escoged un tema de conversación que todos hayáis acordado (ver la nota de «Preguntas para el círculo de conversación» en el capítulo dos). Pedid a cada uno que responda por turno a las siguientes preguntas, de una en una. Aseguraos de que no haya conversaciones cruzadas ni secundarias; este es un momento para hablar sin distracciones ni interrupciones. Antes de empezar, estableced el acuerdo de mantener la confidencialidad de lo que se diga en el círculo, escuchar con atención, hablar con espontaneidad y tener en cuenta el tiempo, para que todos cuenten con la oportunidad de responder a cada pregunta.

1. Nombra una experiencia que hayas tenido y que chocara con tu anterior concepción de la realidad.
2. Habla de un momento en el que te sentiste como si fueras uno con todo; descríbelo.
3. ¿Cuándo te has sentido más engañado, y cómo?
4. ¿Cuándo te has dejado llevar por el éxtasis, y cómo?
5. Nombra a alguien de la historia que admires por haber logrado la unidad de los pueblos. ¿Cómo logró ese fin? ¿Qué es lo que admiras de su enfoque?
6. ¿Qué es lo que más ayuda a los demás a sentirse integrados?
7. Dile a cada miembro del círculo qué tipo de canción es para ti: ¿*jazz*?, ¿*hip-hop*?, ¿clásica?, ¿*trance*?, ¿*bluegrass*?, ¿*rock*?, ¿*country*? Elige entre todos los géneros que puedas imaginar.
8. Si se os ocurren canciones concretas de esos géneros, intentad otra ronda en la que os las cantéis entre vosotros o las pongáis en un equipo de sonido y las escuchéis todos juntos.

La transformación no es algo dulce y brillante. Es un proceso sucio, sombrío y doloroso. Un desenmascaramiento de las falsedades que arrastras contigo. Una práctica en la que te enfrentas a los demonios que tú mismo creaste. Un completo desarraigo hasta que te transformas.

VICTORIA ERICKSON

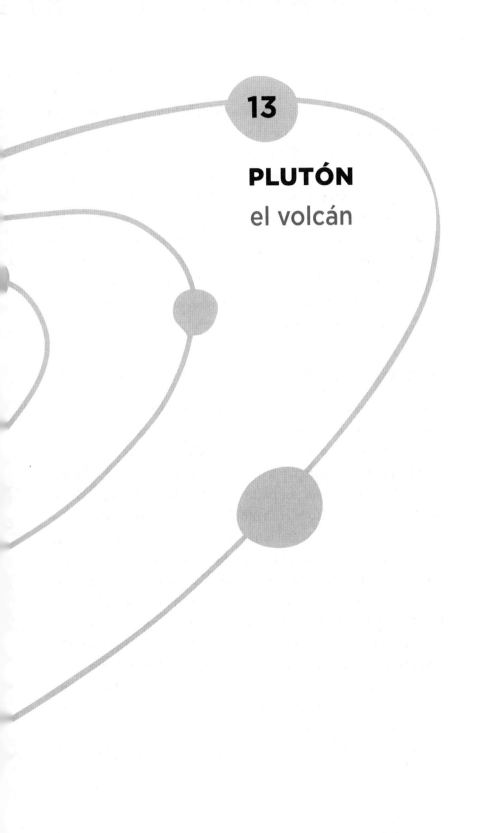

13

PLUTÓN
el volcán

Plutón fue el último planeta descubierto en nuestro sistema solar. Llamado así por el antiguo rey del inframundo, representa nuestros impulsos más profundos y oscuros en lo que respecta al sexo, la muerte y las transformaciones explosivas. Plutón es el *id*, la fuerza de los impulsos inconscientes y las necesidades instintivas que a menudo impulsan nuestros comportamientos sin que los reconozcamos. Lo mismo que esta fuerza dentro de los seres humanos, Plutón puede ser agresivo y peligroso, y a veces es exactamente lo que se necesita para forzar un cambio, una desestructuración o un despertar muy necesarios. Hace estallar las convenciones y los tabúes y trae tanto la destrucción como la resurrección. El poder de Plutón es elemental, intensificador y prodigioso, y puede canalizarse hacia el bien o el mal.

EL MITO DE PLUTÓN

Tras ser devorado y regurgitado por su padre, Saturno, el dios romano Plutón asumió el gobierno del mundo subterráneo. Allí vivía, junto con todos los condenados a la eternidad, tras unas puertas custodiadas por un gigantesco perro de tres cabezas llamado Cerbero.

Se dice que el rapto por parte de Plutón de la bella hija de Júpiter, Proserpina (Perséfone en la mitología griega), para llevarla al inframundo dio lugar a las estaciones: tras ser raptada se negó a comer porque todos sabían que comer cualquier cosa en el inframundo significaba no poder salir nunca de allí. Al cabo de varios días cedió y comió seis granos de granada. Júpiter envió a Mercurio a hacer un trato con Plutón para intentar traer a su hija de vuelta, y se acordó que pasaría seis meses al año en la Tierra y los otros seis en el inframundo como novia de Plutón. Ceres, la madre de Perséfone, era la diosa de las cosechas y de los cultivos; cuando llegaba el momento de que su hija regresara al inframundo, el dolor de Ceres hacía que comenzara el otoño, cuando las plantas volvían a morir y la tierra quedaba en barbecho; al regresar Proserpina, llegaba la primavera.

EL VOLCÁN

Los volcanes enfrían la Tierra liberando calor de su interior. Sus emisiones crean la atmósfera y generan agua para los océanos. Destruyen viejas masas de tierra y dan lugar a otras nuevas.

Los poderes de transformación de Plutón son profundos e intensos como volcanes. Cuando accedemos al infierno interno de forma positiva, podemos limpiar las capas de escombros emocionales y los patrones anticuados. El proceso de metamorfosis puede quemar como la lava; sin embargo, los resultados son una vida nueva y pura, no contaminada por ninguna estructura obsoleta de la personalidad. Al entregarnos a la pira de la muerte del ego requerida para un buscador espiritual, renunciamos a la identidad y los apegos, pero el crecimiento es rápido, innegable y asombroso. El fuego que produce Plutón es asombrosamente majestuoso cuando lo ve el alma en su viaje de aprendizaje acelerado. Plutón simboliza nuestra capacidad de morir y renacer.

PLUTÓN EN LOS SIGNOS

Plutón pasa de quince a veinte años en cada signo. Al igual que sucede con los otros planetas exteriores, Neptuno y Urano, todas las personas nacidas en un determinado periodo de tiempo tendrán la misma ubicación de Plutón, lo que significa que el signo tendrá un amplio impacto en toda una generación.

Cada ubicación de signo afecta al modo en que Plutón transforma y trae destrucción, renovación y crecimiento. Independientemente del signo, se puede recurrir a este arquetipo planetario para forzar la caída de los velos y de las consideraciones falsas o superficiales impulsadas por el ego, para llegar al verdadero núcleo de lo importante y necesario, tanto a nivel individual como colectivo.

Plutón en Aries

1822-1853

Con la valiente energía de Aries, Plutón aporta audacia y espíritu emprendedor. También puede traer una inclinación por la tiranía y la explotación. En esta época de la historia se produjo el genocidio de los nativos norteamericanos junto con el épico enfrentamiento que supuso la guerra civil estadounidense.

PRIMITIVO. Cólera explosiva e impulsiva, que se desborda sin miramientos: es lo peor del poder ególatra y sin control. El absolutismo y la agresividad sustituyen a la razón. Un liderazgo que propicia actos monstruosos y sin sentido.

ADAPTATIVO. Defiendes la independencia de los que fueron encadenados en el pasado. Te posicionas para proteger los derechos de los excluidos. Te enfrentas a cualquier tipo de abuso con una postura firme y decidida en favor de la justicia.

EVOLUTIVO. Defiendes de forma dinámica y decisiva a los que han sido tratados como «menos que los demás», transformando el egoísmo en altruismo. Tu liderazgo apasionado y tu valentía en todos los frentes conducen a un esfuerzo y unas estrategias de inclusión muy competentes.

Plutón en Tauro

1853-1884

Tauro aporta a Plutón una inquietud por las preocupaciones materiales y el bienestar de todas las criaturas. En una escala histórica más amplia, la Revolución Industrial, el fin de la esclavitud en Estados Unidos y el desarrollo de la agricultura familiar y la aparcería* reflejan a Plutón en Tauro en el continente norteamericano.

PRIMITIVO. La codicia y el robo es lo peor que podemos encontrarnos aquí. Este emplazamiento quiere tener el control total de los recursos, sin importar lo que esto suponga para los demás. La política habitual consiste en un dominio implacable de la moneda y en mantener a la mayoría de la gente en una posición de desventaja. Se normaliza la creencia de que Dios favorece solo a unos elegidos.

ADAPTATIVO. Entiendes el poder de dar y sacrificas algo de tus posesiones para que otros puedan tener sus necesidades cubiertas. Se da prioridad a la redistribución de los recursos de manera que la mayoría de la gente tenga una calidad de vida decente. Alimentar a los hambrientos y a los pobres es una obligación.

EVOLUTIVO. Ves la gloria de la belleza en toda la naturaleza y en todas las especies. Tus actos para proteger y conservar la vida en la Tierra se consideran sagrados. Tu espiritualidad implica perfeccionar al máximo y de la manera más pura el rendimiento del cuerpo, hasta trascender los límites de las leyes físicas. Quienes te rodean se sienten seguros en tu vasta presencia, que sobrepasa el miedo a la muerte.

Plutón en Géminis

1882-1914

Plutón en Géminis conlleva una transformación explosiva en todo tipo de comunicación, pensamiento abstracto y avance científico. Este período de la historia dio lugar a un crecimiento espectacular en estas áreas del esfuerzo humano, con la invención del teléfono,

---

* N. del T.: Contrato de tipo asociativo por el cual el propietario de una finca rústica encarga a una persona física (cesionario aparcero o, simplemente, aparcero) la explotación agrícola de dicha finca a cambio de un porcentaje de los resultados.

el surgimiento de nuevas formas literarias y el desarrollo de la física cuántica y la teoría de la relatividad.

PRIMITIVO. Aquí crecen pensamientos obsesivos y destructivos con tendencias sociopáticas, que retuercen las palabras y las ideas para servir a los aspectos más oscuros de la psique. Prevalecen los planes tóxicos y los métodos poco transparentes.

ADAPTATIVO. Pones en práctica tu inmensa capacidad de persuasión. Tus palabras están impregnadas de espíritu y llevan a la mente a un espacio de bien superior. Otros saldrán del abismo gracias al poder del momento presente. Aquí se elaboran grandes obras maestras del lenguaje escrito y oral.

EVOLUTIVO. Llevas tu mente a nuevos niveles de consciencia y trasciendes las historias de la mente en favor de la presencia pura. Puedes ver la realidad de la efervescencia y las partículas de luz y eres capaz de vivir libre de preferencias mentales. Algunos reciben transmisiones instantáneas de *samadhi*.[*]

Plutón en Cáncer
1914-1939

Este emplazamiento trae consigo transformaciones en torno a la paternidad, la vida doméstica, la necesidad de una tribu protectora y solidaria, los recursos alimentarios y la tribu o comunidad en general. La Gran Depresión tuvo lugar durante esta época de la historia, al igual que el estallido de la Segunda Guerra Mundial, cuando el nacionalismo, una versión deformada y peligrosa del tribalismo, llegó a extremos que sacudieron al mundo entero.

---

[*] N. del T.: *Samadhi* viene del sánscrito, *sama*, que significa 'juntos', y *dhi*, que significa 'mente'. En su interpretación más profunda, se trataría de un estado de conciencia de meditación, contemplación o recogimiento en el que se siente alcanzar la unidad con lo divino.

PRIMITIVO. Tienes fobia a otras identidades y te apegas a una noción infantil de tribalismo, aferrándote a costumbres y tradiciones tejidas en torno a figuras parentales mágicas que lo resuelven todo. Sufres de una dependencia patológica que te ha hecho renunciar a la responsabilidad por ti mismo y por tus actos.

ADAPTATIVO. La ternura y la protección extremas guían tus acciones maduras. Tus propias necesidades son secundarias frente a la acogida de los más necesitados. Se desarrollan políticas para honrar a los más desprotegidos y para dignificar a quienes han tenido que sobrevivir a muchas adversidades.

EVOLUTIVO. Más allá de la crianza y la protección, una energía divina emana plenitud en todos los niveles. Quienes te rodean se impregnan continuamente de esta consciencia y se vuelven más capaces de vivir desde la abundancia y la capacidad. Un sentido de interconexión lo permea todo y un resplandor rodea la creación.

Plutón en Leo

1937-1958

En Leo, la energía transformadora de Plutón impacta en las esferas del entretenimiento (el surgimiento de las estrellas de cine), los niños (el *baby boom* posterior a la Segunda Guerra Mundial) y las figuras altamente carismáticas y poderosas que adquieren su mayor visibilidad (Franklin Roosevelt, Adolf Hitler, Joseph McCarthy, Martin Luther King Jr.).

PRIMITIVO. Eres «el niño de los selfis», estás obsesionado con mostrar tu imagen y ser el centro de atención. Te identificas tanto con tu propio reflejo en el espejo que te cuesta imaginar que los demás tengan valor como no sea para servirte de apoyo. Toda tu atención y ambición se centran en los temas que enfocan tu mirada directamente en ti mismo.

ADAPTATIVO. Con la valentía que da la honradez, te expresas con franqueza y seriedad. Eres creativo y libre para explorar todas las dimensiones del juego y la alegría, y consigues que los demás se sumerjan en el maravilloso sentimiento de estar vivo. El verdadero amor es otra forma de decir: «Te veo y te acepto tal como eres».

EVOLUTIVO. Un foco de amor incondicional brota de ti allá a donde vayas. Como un niño, disfrutas cada momento de la vida de forma arrebatadora. Cada nueva experiencia está impregnada de una curiosidad sagrada, y cautivas a los demás con tu amor a la vida.

Steven, nacido cuando Plutón estaba en Leo, tuvo una infancia precaria en Filadelfia. Desde niño soñaba con ser un músico famoso de *jazz*. A los catorce años, empezó a trabajar a tiempo completo después del colegio para comprar su primer saxofón. A los dieciséis, acudía a los clubes de *jazz* siempre que podía.

A los veinte, entró en contacto con un grupo de músicos de mala reputación que andaban metidos de lleno en las drogas y la delincuencia. Pasó algunos años perdido en los bajos fondos, hasta que comprendió que la música era su verdadero amor y que había otro camino que seguir. Ahora Steven se gana la vida como músico invitado para bandas sonoras y se ha mantenido sobrio durante los últimos quince años.

Plutón en Virgo

1956-1972

Cuando Plutón pasó por última vez por este signo, dio lugar a importantes movimientos en favor de la preservación del medioambiente; la energía paciente, humilde y enraizada de Virgo dio un poderoso impulso a esos movimientos. Plutón en Virgo también auguró un aumento de la popularidad de la medicina alternativa. Entre 1962 y 1969, Urano y Plutón se movían juntos por este signo; la combinación de ambos preparó el terreno para las revoluciones sociales de la década de los sesenta.

PRIMITIVO. Te concentras tan minuciosamente en el análisis que te paralizas. Tu profesión consiste en encontrar fallos y tus indagaciones sobre cualquier cuestión tienen un componente paranoico. Le das tanta importancia a cada detalle que, para ti, la neurosis es una virtud.

ADAPTATIVO. La lucidez genera directrices claras y acciones precisas. Se fomenta la salud integral del cuerpo y la mente, y la autoayuda se vuelve popular. Reconoces que cada detalle es una pieza del conjunto, lo que resulta valioso para recordar que hay que aceptar la totalidad.

EVOLUTIVO. Has elevado tu actitud de servicio asiduo a una forma de arte llena de gracia. Realizas actos heroicos con humildad e inspiras a otros a dejar de lado su necesidad de reconocimiento en favor de lograr un impacto duradero. Tu enfoque extraordinario acompaña a las soluciones a largo plazo que resuelven desigualdades que tienen una gran raigambre histórica

Stephanie, con su Plutón en Virgo, era hija de dos médicos y pasó su infancia en Chicago. Desde muy niña, se sintió frustrada y repudiada por el sistema médico, que la privaba a diario de la presencia de sus padres. A los quince años, desarrolló una rara enfermedad que la medicina no conseguía curar. Stephanie encontró un centro de sanación holística y empezó a investigar la medicina alternativa. Esto la llevó a convertirse en una médica naturista muy respetada; finalmente se trasladó a Hawái para abrir su propio centro de salud holístico.

Plutón en Libra
1971-1984

En Libra, la fuerza transformadora de Plutón tiene un fuerte impacto en las relaciones, especialmente en las relaciones personales y en las comunidades y sociedades que se construyen en torno a ellas. La última vez que Plutón pasó por el signo de Libra se produjeron cambios drásticos en la institución del matrimonio y en la forma en que los seres humanos mantienen sus relaciones de pareja. Fue testigo del inicio del movimiento por los derechos de los homosexuales, de una mayor apertura y libertad en torno a la sexualidad, de un cambio en las costumbres sexuales y de un aumento de los divorcios.

PRIMITIVO. Seducido por intereses superficiales, las *marcas* y la *imagen* son tus dioses. Le das una importancia desmesurada a lo que los demás opinan de ti, aunque no tenga ninguna base. El aspecto exterior y la cirugía plástica son más importantes para ti que la personalidad. Te vendes a la última moda.

ADAPTATIVO. Motivado por las inquietudes en torno a la equidad y la armonía social, luchas por la unión de ideas e intereses. Eres un mediador nato y sabes sacar a relucir los valores fundamentales de ambas partes. Tu belleza surge de una vida sana e íntegra.

EVOLUTIVO. Describes magistralmente realidades maravillosas y ayudas a los demás a deleitarse con su propia capacidad de visualizar su mayor bien. Eres capaz de descubrir las verdaderas motivaciones de los otros, lo que les permite transformar sus bajas vibraciones en un mayor interés por los demás. Tu enseñanza se basa en la autenticidad radical.

Plutón en Escorpio

1983-1995

El tránsito de Plutón en Escorpio implica una inmersión en las profundidades secretas y en los reinos prohibidos, un enfoque en las preocupaciones de vida o muerte, y una preferencia por las experiencias intensas. En el reciente paso de Plutón por Escorpio, la epidemia de sida alcanzó su punto álgido. Y durante una época de aparente paz al final de la Guerra Fría, la política exterior de Estados Unidos llevó el poder militar norteamericano a conflictos en toda América Latina. También estallaron los debates y las revelaciones sobre el abuso de menores, incluido el abuso sexual.

PRIMITIVO. Te fascina la escarificación,* lo mismo que la autolesión y la adicción. El submundo del sexo, las drogas y el *rock and roll* es tu pasión, hasta que acaba contigo. El culto al diablo y lo maligno consumen tu atención. Crees que morir puede ser una bendición.

---

* N. del T.: La escarificación es la acción de producir escaras en la piel mediante la aplicación de incisiones superficiales o profundas. Históricamente, la escarificación ha sido practicada por colectivos indígenas de América, África y Oceanía con valor simbólico o ceremonial, pero en la actualidad, se ha convertido en una suerte de técnica de tatuaje, una forma de modificación corporal en la que los practicantes se cicatrizan deliberadamente a sí mismos o a otros.

ADAPTATIVO. Investigar y revelar el submundo para lograr la sanación es lo tuyo. Reconoces que toda oscuridad viene de la necesidad primaria insatisfecha de amor y atención, y buscas dar a las víctimas de abuso la ayuda que necesitan. Te enfrentas a los señores de la maldad con audacia.

EVOLUTIVO. La muerte no te asusta, porque has experimentado la inmortalidad en tu mente y en tu cuerpo. Conocer tu naturaleza divina te permite facilitar el rápido despertar de otros a través de una transmisión directa. Tus acciones están dictadas por tu inquebrantable creencia en el karma y en la ondulante fuerza del amor y la bondad.

Plutón en Sagitario
1995-2008

A través de los elementos sagitarianos de la sabiduría, el conocimiento y la expansión, Plutón da lugar a profetas y pioneros capaces de hacer un inmenso bien o un daño aterrador. Google nació durante un período de Plutón en Sagitario; también lo hizo el espectacular aumento del extremismo religioso que condujo a los ataques terroristas del 11-S.

PRIMITIVO. Cuando reina el fanatismo y el extremismo salvajemente peligrosos, los sistemas de creencias se utilizan para justificar la crueldad e incluso la muerte. Las afirmaciones exageradas y la fanfarronería son las normas, y el comportamiento excesivo en todos los frentes se celebra con entusiasmo.

ADAPTATIVO. Aquí se proclama la libertad de los desvalidos y el levantamiento de los pueblos indígenas. Es hora de enfrentarse a los males de la intolerancia religiosa y la demagogia. La compasión ferviente dirige la carga y se utiliza un discurso incisivo y transformador para descorrer el velo del partidismo. La gracia se renueva.

EVOLUTIVO. La verdad y la autenticidad están al frente del escenario. Hay una llama de asombrosa claridad para reclamar y honrar la sabiduría de los ancestros. Aquí sientes que las nubes oscuras se han disipado y que hay un futuro de verdadera humanidad por delante.

Plutón en Capricornio

2008-2024

En el momento de escribir esto, Plutón se encuentra en el ámbito sistemático, disciplinado y cumplidor de la ley de Capricornio. Se está alterando el *statu quo*, y se cuestiona la relevancia y la fiabilidad de los poderes que tienen el control. Edward Snowden, el movimiento Occupy Wall Street, #MeToo, la elección de Donald Trump a la presidencia, el patriarcado, los sistemas educativo y sanitario de Estados Unidos, el Brexit: conforme los sistemas llegan a un punto en el que es imposible ignorar su artificialidad e hipocresía, se pueden construir sistemas mejores y más modernos para ocupar su lugar. Capricornio lo hace con responsabilidad, paciencia y previsión. El patriarcado incuestionable ha llegado a su fin.

PRIMITIVO. La carrera por el control de la riqueza está en marcha, y no importa quién quede marginado o perjudicado. La superioridad y la retórica de la raza superior prevalecen, y se disparan las racionalizaciones de los prejuicios. Surgen líderes que no se detendrán ante nada para implantar un régimen autocrático.

ADAPTATIVO. La reconciliación y las prácticas de justicia restaurativa cobran fuerza a medida que la gente se da cuenta del coste del materialismo abyecto y de la criminalidad que lo sustenta. La integridad surge en ámbitos inesperados. Aumenta la resistencia a los sistemas que producen desigualdad económica.

EVOLUTIVO. Los líderes espirituales se vuelven más respetados que los políticos cuando señalan la tarea urgente de hacer avanzar la consciencia humana. La gente empieza a buscar desesperadamente una conexión real en lugar de conformarse con la ilusión de la felicidad material. Los sistemas se diseñan para dar cabida a las necesidades de todos los miembros de la comunidad, más allá de las de la élite a la que antes servían dichos sistemas.

Plutón en Acuario
1778-1798

Acuario puede aportar un distanciamiento estoico y un pensamiento abstracto que permiten actos impensables, ya que deja a un lado la vertiente emocional o una atención intensificada en la elaboración de estrategias para el bienestar de la colectividad. En 1776 se firmó la Declaración de Independencia y poco después llegó la guerra de la Independencia. Se redactaron los Documentos Federalistas, la Declaración de Derechos y las Leyes de Extranjería y Sedición.

Plutón en Acuario es el antihéroe, el reformista con un pensamiento elevado que no teme utilizar tácticas singulares o impactantes para promulgar el cambio social por el bien de todos.

PRIMITIVO. Una fría austeridad sustituye a la empatía. Se construyen torres de indiferencia con los escombros de las familias y los sueños rotos. El corazón ha sido reemplazado por una máquina calculadora y las glaciales políticas de los poderosos son impenetrables. Vivir con una mente de hierro permite desprenderse de la conexión humana, y este desprendimiento es lo que hace posible permitir atrocidades como la esclavitud, los prejuicios y los abusos.

ADAPTATIVO. Se manifiestan visiones dirigidas a unir el mundo en una reforma del bienestar colectivo. Los líderes cambian su enfoque hacia la protección de los intereses de todos en lugar de fomentar el nacionalismo. Se produce una profunda reflexión sobre las siete generaciones siguientes; se planifica la intensificación de los valores centrados en el ser humano.

EVOLUTIVO. Llegan seres de otras dimensiones y planetas y demuestran la presencia de lo divino en todas las cosas. La humanidad ocupa su lugar en una perspectiva intergaláctica. Se revelan los misterios de la creación, y el proyecto humano da un salto de consciencia y de conocimiento. Se produce una vasta corrección para todo el planeta Tierra.

Plutón en Piscis
1797-1823

La victimización, la rendición, el contacto con las visiones, lo espiritual, los sueños..., todo esto colorea la lente a través de la cual Plutón brilla en Piscis. La era romántica, que surgió en Europa al final del período estrictamente racional de la Ilustración, tuvo lugar la última vez que Plutón pasó por Piscis; también lo hicieron la expedición de Lewis y Clark, la batalla de Waterloo, la visión de Joseph Smith de la Iglesia mormona y la Doctrina Monroe.

PRIMITIVO. Las personas y los animales viven hacinados con el fin de servir a los amos. Quienes se consideran a sí mismos más valiosos justifican el hecho de victimizar al resto de la gente. Hay dolor en todas partes porque el ser humano ha perdido su conexión con los demás y en cambio se encuentra subyugado por unos cuantos líderes que se creen mesías.

ADAPTATIVO. Tiene lugar una enorme oleada de amor que hace que la gente deje a un lado sus creencias para ayudar a los necesitados.

Se hacen sacrificios de buena gana para llegar a las personas que han sido excluidas. Empiezan a surgir movimientos que reúnen a todos los marginados y traen poderosos aliados para crear condiciones de paz en la Tierra y en otros lugares. Las masas sienten la existencia de un poder superior.

EVOLUTIVO. Finalmente se entiende que el cuerpo es solo un saco de piel alrededor de una extraordinaria fuente pulsante y eterna. Se producen avances en telepatía y telequinesis, y el ser humano tiene acceso inmediato al inconsciente colectivo. Una mayor bondad y amor dirige el mundo, y todos los pensamientos de separación son refutados por la ciencia y percibidos de forma rotunda en toda la galaxia.

Prácticas para Plutón ....

Sumérgete

Lee los mitos de Inanna, Orfeo y Osiris. Observa lo que te resuena de estas historias. Reconoce los momentos de tu vida en los que has visitado el inframundo.

Relaciónate

Visita a alguien que esté enfermo o que se encuentre en un hospital, en una residencia para ancianos o en un centro de cuidados paliativos. Llévale algo de tu vitalidad y gratitud por la vida. Date cuenta de lo poco que hace falta para dar calor a los que han perdido la salud o la movilidad.

Arriésgate

Visita un cementerio y lee atentamente las lápidas. Escribe lo que más te gustaría que dijera la tuya.

Reflexiona

Piensa en cómo aprendiste a usar bien y mal el poder y cómo eso ha influido en tu propio sentido del poder. Elige un símbolo de tu poder positivo y ponlo en un lugar visible, donde puedas verlo todos los días. Imagina que este símbolo aumenta tanto tu influencia como tu integridad.

Preguntas para el círculo de conversación

Reúnete con una o más personas que hayan leído este capítulo. Escoged un tema de conversación que todos hayáis acordado (ver la nota de «Preguntas para el círculo de conversación» en el capítulo dos), y pedid a todos que respondan por turnos a las siguientes preguntas, de una en una. Aseguraos de que no haya conversaciones cruzadas ni secundarias; este es un momento para hablar sin distracciones ni interrupciones. Antes de empezar, estableced el acuerdo de mantener la confidencialidad de lo que se diga en el círculo, escuchar con atención, hablar con espontaneidad y tener en cuenta el tiempo, para que todos tengan la oportunidad de responder a cada pregunta.

1. Describe un periodo de declive en tu vida y lo que aprendiste de él.
2. Habla de un momento en el que sentiste que alguien te tenía dominado y describe cómo fue.
3. Cuenta cómo aparecen en tu vida los problemas de control.
4. Si pudieras transformar algo en tu vida, ¿qué sería y por qué?
5. ¿A quién o qué necesitarías perdonar para morir en paz?
6. Si supieras que nunca morirás, ¿qué cambiarías?
7. Dile a cada persona una cualidad suya que vivirá eternamente dentro de ti.

EPÍLOGO
¿Qué hacemos ahora?

E ste libro puede leerse durante toda la vida y jamás se ago-
tará su contenido. Tiene un potencial infinito de aprendizaje y crecimiento. Pero, si eres como yo, seguramente te
mueres de ganas de pasar a la siguiente aventura de aprendizaje, y
nunca deberías dejar de seguir tu curiosidad y tu pasión por el conocimiento.

A partir de ahora, puedes ir en cualquiera de las direcciones significativas que te permitan reforzar tu educación espiritual,
psicológica y emocional. Una de ellas consiste en explorar la vasta sabiduría contenida en los textos sobre astrología psicológica
para mejorar y profundizar tu comprensión de esta base de conocimiento particular. También podrías profundizar en el campo de la educación social y emocional y devorar las obras que, en
la actualidad, exploran la importancia de las habilidades relacionales. O bien puedes investigar las tradiciones psicológicas profundas y leer a maestros como Carl Jung, Sigmund Freud, Robert
Sardello, Karin Carrington, Aldo Carotenuto, Christine Downing,
William James, Marion Woodman, Clarissa Pinkola Estes y James
Hillman. Mi propio camino me ha llevado a buscar la serenidad y
la estabilidad emocional en grandes autores espirituales modernos como Eckhart Tolle, Thich Nhat Hanh, Anne Lamott, Brené

Brown, Peter Levine, Jack Kornfield, Marianne Williamson, Pema Chödrön, Tosha Silver y Jill Willard.

Por último, este momento es un regalo que se nos hace a cada uno de nosotros, y es como una cerilla encendida fugazmente para iluminar nuestra esencia única y hacerla brillar. No podemos hacerlo solos, sin apoyo. Y sin la devoción absoluta y la humildad necesarias para levantarnos de nuestras inevitables caídas y fracasos.

Espero que en este libro te hayas visto a ti mismo y a los demás con una mirada más amorosa y comprensiva, tras vislumbrar quiénes podemos ser cuando vivimos en nuestros estados más evolutivos. Mi ferviente deseo es que cada persona que lea esta obra se sienta un poco más cerca de la luz que hay en su interior y aporte su chispa divina a la rápida aceleración de una vida sana, fructífera, justa y humana para todos los pueblos y para la Tierra.

¡Bendito seas, desde el Sol en Acuario!

Jennifer

P. D.: Entra en www.jenniferfreedastrology.com para recibir actualizaciones y regalos.

AGRADECIMIENTOS

Me gustaría dar las gracias a Melissa Lowenstein, que me inspiró a escribir este libro y me ayudó a crearlo. Es mi amiga querida, mi alumna, mi colega, y una Capricornio de primera con un alma noble y hermosa.

Mi agente, Coleen O'Shea, es una fuente extraordinaria de aptitudes y de cariño. Me mostró cómo una mujer dotada de verdadero conocimiento y enfoque puede hacer las cosas con aplomo y gracia.

A lo largo de los años, he tenido el honor de trabajar con miles de clientes y cientos de estudiantes. Ellos fueron mis maestros más impactantes. Sus vidas han iluminado el camino.

También he tenido el privilegio y el honor de estudiar con los mejores astrólogos de nuestro tiempo: Rick Tarnas, Caroline Casey, Lynn Bell, Darby Costello, Lynne Stark e Yvonne Klitsner. Además, me han influido profundamente Carl Jung, Liz Greene, Robert Hand, Stephen Arroyo, Greg Bogart, Karen Hamaker-Zondag y Barbara Hand Clow.

Mi compañera de trabajo y de vida, Rendy Freedman, ha sido un apoyo y una guía indispensable para desarrollar y aplicar las herramientas socioemocionales descritas en estos capítulos.

Las chicas de Goop fueron mi equipo de animadoras, y las quiero con todas mis fuerzas. Elise Loehnen es una lluvia meteórica de luz divina.

Por último, quiero dar las gracias a mi editora, Diana Ventimiglia, por conectar tan profundamente con esta obra y hacerla lo mejor posible.

SOBRE LA AUTORA

L a doctora Jennifer Freed es psicoterapeuta, mediadora y autora con más de treinta años de experiencia en los campos de la astrología psicológica y el aprendizaje socioemocional. Su trabajo ha aparecido en *USA Today*, *New York Times*, *Huffington Post* y *Forbes*, así como en *Good Morning America* y *Fox News*. Es colaboradora habitual de Goop, de Gwyneth Paltrow, y escribe sobre astrología, relaciones y crecimiento personal. La doctora Freed es la principal asesora de la aplicación *online* Co-Star: Hyper-Personalized Real Time Horoscopes.